全椒古代典籍叢書

金兆燕集

4

（清）金兆燕 撰

政協全椒縣委員會 編

國家圖書館出版社

第四册目録

（清）金兆燕 撰

國子先生全集四十三卷（稼亭詩鈔卷十二至十八，稼亭詞鈔卷一至二）

清嘉慶十二年（1807）至道光十六年（1836）贈雲軒刻本

棕亭詩鈔卷十二

全椒　金兆燕　鍾越

張看雲年七十將歸老震澤不復出門作自遣詩三十首索和即步其韻

名山歸去臥仍遊不負平生馬少游壓冒幾年原已滌溪毛從此定堪羞夕陽松徑頻招鶴春水苔磯好繫舟獨眺蒼烟無伴侶勝他人海作遨頭

幾載詩衢奉德輝忽傳歸興憶林扉行藏不畏樵夫笑蹤跡寧愁牧孺譏作賦有情同靖節著書無憤似韓非空山他日相尋處雞黍前言定不違

半生風雨作梳篦身似流泉未守谿桃梗誰憐中路客
梅花空憶故山妻眼枯夜月方諸淚心碎春風杜宇啼
此日一帆歸計穩勞薪舊夢怯重提

五兩搖風喜午晴江雲盡處曉烟生一峯遥黛杯中見
七尺孤桐膝上橫客路永拋心自鄙家山遥望眼逾明
竹籬茅舍周遮處溪鳥林花倍有情

莫釐峯色望中微紙上烟雲腕底揮花影簾前紅似錦
湖光枕上碧成圍蕭凉疏水貧多樂拙樸妻孥老足依
不爲探梅重戴去無緣更着舊征衣

莫笑迂夫更釋迂性情本自異時趨湖山幸列神仙籍

翰墨聊成主客圖無事閉門惟蠟屐有花招客便携壺
胸中別具閒經畫籌略瓜田並芋區
扁舟江上採芙蓉一笛波心吼玉龍曠野波光收巨渚
空山風物近清冬平湖水落纔三尺老屋雲封更幾重
洞裏胡麻應有飯何妨白髮慶遭逢
粉堵茅檐一望新吟窩安樂貯閒身澆花汲水頻提甕
漉酒當風自墊巾村舍蒼烟沈日脚湖天白晝藏雲鱗
洞庭山下觀垂釣誰似詹何獨繭綸
把臂何時許入林顛毛我亦雪霜侵漁村得酒盃辭醉
樵斧尋山不畏深壯志已銷三尺劍餘年好付一絃琴

獨憐送別津亭後憔悴秋園病不堪

杖履圖書足養眞不須風物感蕭晨難尋海上乘槎客
且作山中拾穗人放眼白鷗空浩蕩撫懷蒼石尚嶙峋
毛公壇上聞長嘯落日紛紛下野賓

空山寂寂夜沈沈孤月蒼崖揭萬尋圓攝不離身口意
靜觀堪証去來今但求張邴爲深友不與山王更嗣音
應笑白頭癡老子莅莅抱膝感苔岑

蕭散林間折角巾荷衣穩稱野吟身在乎山水之間也
自謂羲皇以上人花樹百弓皆淨業輪蹄半世總迷因
故鄉泉石多佳趣落紙揮毫倍有神

勝侶相過不待延雞豚村舍晚春天但逢澤友兼山友
便作茶仙更酒仙小艇每衝朝雨泛短簾自傍晚霞搴
灰堆打後呼如願收拾聰明肯再鞭
繞宅流泉不暫停空中琴筑自泠泠閒從野寺修簫譜
偶得山肴檢食經翠磴行攀千佛塔蒼崖坐擁萬花屏
烟村古渡無人處雲在遥天月在汀
柴門几杖更無塵北叟南翁笑語親園客餉賓無世味
畊夫識字亦天眞燠寒自適裘兼葛貴賤何知玉與珉
草長鶯飛遲日好桃源別有洞中春
沽酒停帆問曲阿慶亭風雨飽經過春申浦上花初落

伍相祠前水自波新樣小生知姓少故家喬木感懷多
壯心已自銷除盡猶向樽前一放歌

遐年老福頌王林麟脯堪羞雉可斟綠醑醲沽瓶滿眼
元靈香貯硯凹心嵇康此日聊頹玉賈島他時定鑄金
讀畫評詩清課外更無塵事挂幽襟

遥山漠漠遠村微幾處平田水鶴飛人影穿林朝市散
歌聲出谷晚樵歸藤梢罥客常妨帽柳絮迎人故點衣
行到澄江如練處長吟應憶謝元暉

幽鳥翩翾舞翠衿緡蠻似和短長吟山看遠勢偏求淡
竹逕濃陰不厭深自有春和常溺盎任他秋氣各蕭森

五千文字皆糟粕獨對梅花見道心

詩才史筆擅三長久向文壇重老蒼世外定應逢若士
人間何處覓孫陽從教好夢依山靜猶厭孤雲出岫忙
一棹三高祠畔過水雲盡處是鱸鄉

偶然賦海擬張融積雪飛霜一望中旭日升時丹嶂麗
餘霞散後碧天空何潮雞唱星河曙貫月槎迴島嶼逼
極目蓬山真不遠半生應悔嘆途窮

平鋪一幅剡溪藤貌得名山似可登翰墨作緣聊自適
烟雲過眼總無憑高掀日窟君真健長嘯天梯我亦曾
瑤草耕烟猶未種乖龍無耳不堪乘

休言世事太紛紛壯不如人我亦云休老只須謀白墮

談經莫更羨朱雲有情山鷓夢中喚無隱木樨空際聞

奕世仙曹良足貴餅家難學小茅君

來如冷月去如烟枉結京塵粥飯緣小垤塵漂空蟻陣

淺池波靜亦魚天千帆戶外開頭過一榻樓中枕手眠

雨後秋瓜排五色攜鋤且問邵平田

茫茫魏闕與江湖幾度雙輪憶碾蒲但有敝衣隨野鶴

更無殘鳥效飛梟膺門遍數誰堪掃蔣徑猶存幸未蕪

此日歸來老司馬好局一室伴清娛

倚徧垂虹壓浪亭太湖西望獨開舲乾坤一粒何從納

日月雙丸自不停春水漫漫羅隱宅寒宵耿耿伍喬星
詩瓢酒蓋隨身具劍閣瞿塘已慣經
小園苔逕繞平河短堵經年尚未芟帀網收時寒渚靜
估帆開處夕陽多叢談脞史俱堪錄退谷杯湖未易過
下瀕水田秧馬出村村腰鼓賽鳴鼉
種秫田荒且自耘老來生趣在微醺弓蛇杯底無憑影
衣狗天邊易散雲虛室不妨清似水靈臺休使熱如焚
山中麋鹿溪邊鳥舊侶從今不離羣
芙蓉千頃柳千株舊市人家酒易沽社友偶然攜具到
鄰翁便可隔牆呼鳴榿極浦旋通越倚杖層巔更小吳

他日疏麻傳遠道定應有論似濳夫

培塿生平敢學山知交幸在紀羣間也知空谷頻招手

未免離亭各愴顏自挈烟霞歸嶺岫尚留詞賦動江關

丹崖青壁皆人境偶語何時草共班

新構樓亭初成與同人分賦

廣文官舍如蓬科數椽新構安樂窩繞屋花樹交枝柯

小亭容膝堪婆娑妻孥婢僕紛譏訶何異琢玉爲飛堶

傳舍寢食年豈多徒爲後人作巢窠遷官他日奈此何

安能車載兼馬馱先生但喜居有邪此語勿聽姑言他

好友一室同吟哦軒牕晴日烘簾波斗酒且喜衰顏酡

安問頌禱哭與歌

又和張尭峯詩韻二首

草堂斷手莫嫌遲意匠經營我自知好列琴書消永日敢期輪奐貢諛詞一區且當身將隱百歲何須某在斯牆屋旣成薪木好居然太樸未全漓

文游詞客盡周秦投贈詩篇欲等身苜蓿閒筵慚地主珠璣灑翰詡天人頓教錦暎庭前樹好倩紗籠壁上塵莫惜草書八屏障張顛醉筆更如神

蔣清容四絃秋題詞三首

司馬任江州青衫淚自流祇今江上月腸斷四絃秋

九派空留蹇淚千秋誰訴幽襟才子原多軼事詞人最肯傷心

笙歌鼎沸夜遲遲白髮當筵醉一巵解得琵琶夜深語不應鬻駱放楊枝

錢百泉自禾中來出示秋塍見懷之作並讀諸壘韻詩勉效步韻一首兼寄秋塍

荒廢如寒竽滯澁類濕鼓寄身當夷庚肅客愁旁午成蹊豈天桃無佽仍杕杜安得手一編長晝自揵戶忽枉故人作勝飲杯中醑慰勉周賑餐訊問及兒女冷齋盎春雲硯席頓溫煦況對俊流人詩園集儕侶一吟醉一

觴觴至盃復數冰蠶本耐寒蓼蟲久習苦讀書甘忍飢
文字足自娛老夫拙言辭尺約難繼組曲踊百效三長
城字怯五君莫嘆遠遊吾亦非吾土

送窮和方介亭韻

終年嫌汝纏吾身欲送翻教意倍親面目恐難留故我
性情肯便效他人一朝乍別眞奇事半世相隨也夙因
勝業坊中前路好芾堂休憶舊溪濱

除夜和江玉屏韻

雪禁寒梅未可尋殘詩祭罷且孤斟松盆餞餞春光到
蠟炬輝輝夜漸深花柳預期三月醉文章難稱百年心

歡娛博簺非吾事枯坐聊爲抱膝吟

元日和汪玉屏韻

餞隸甯分也醉譁朝衣日久豈堪誇老松孤影原無藉小草陳根自有芽淸晝杯柈還濟楚隔宵書卷任欹斜百弓新闢寬閑地好種人間第一花

輓蔣母鍾太安人

小子幼失恃不知慈母恩聞人述母德未語聲已吞懿哉太安人閫範衆所遵豈惟作女宗矜式周簪紳我友蔣太史蘭譜旣夙敦每於賡酬暇爲言慈訓諄終身毋爲師講貫無朝昏立身視道岸讀書味義根窮達付之

命毀譽聽之人所貴 楨骨榦七尺撐乾坤我每奉斯言
瘏痳鐫貞珉屈指數年來拜母入寢門飲食兼教誨一
一承慈溫有時猝子婦歡然來過存相視如骨肉異姓
作弟舅蓮蘭與佩帨 投遺何紛紜同作萍梗客翻若朱
陳村江城獻歲後庭梅數早春開筵召會食芳醑盈清
樽摳衣揖慈闈笑語讙諸孫預計桃杏時板輿出近闉
兩家萃婦孺同嬉春 水濱如何甫隔夕遽聞返其眞無
疾而速逝應自了夙因吾聞至人言死生猶屈伸德福
亦旣備哀樂何足云 太史有家述典型詒後昆虞初採
軼事庶幾知所珍

癸巳仲夏吳門喜晤汪訒菴員外郎招同蔣芷岡
觀察李　褚　兩明府雷松舟二尹蔣香
涇進士程東冶孝廉項石友上舍泛舟虎邱夜
歸

具區新漲添深綠罨岓柔波浸山麓花樓斜日綺窗開
隔船喚到人如玉簫聲水面清且圓小部家伶載一船
名士愛爲甘蔗舞老夫亦有柘枝顛列舸開筵明畫燭
宵深更泥吳娘曲笑牒言鯖雜遝來魏三張八兼生熟
棲屑天涯良聚難請君披腹呈琅玕當歌對酒意氣盡
今夕何夕樂未殫酒闌霑醉更浮白主人小舟能送客

山塘風雨忽驚人急槳迴波轉欹側企脚篷窗且浩歌

高城魚鑰定如何金谷詩篇自不易渼陂哀樂何其多

和程東冶詠物詩四首即以奉贈

落梅

不惜地先委獨憐香已塵但留空外色誰證夢中因冰雪感前度烟霞多故人讓他桃李伴穠艶鬭三春

新柳

爲得陽和早先屯曉岍烟看來眞濯濯挽去已綿綿綺日精神好柔風態度妍殿前移植後休負昔春天

睡燕

飄泊亦云久空梁纔穩眠卑棲殘影怯舊境斷魂懸雨
過巢初定春寒夢未圓那堪頻喚起學語傍人前

流鶯

已切惜春念更兼求友心如何聲嚦嚦猶隔影沈沈三
載且幽谷一飛應上林金衣相對處斗酒試同斟

山塘讌集分題二首

芡實

纔見翠盤出旋看珠粒融夢留雲水外香在豆籩中結
實三秋滿勻圓萬顆同雞頭新剝後眞羨野人風

桃

瓜李浮沈後佳名愛膽之得來豪已足投去報休遲雪

黍邀同輩看花訂後期肯供臣朔飽不惜牖中窺

又分詠樂器得檀板

何人工伐檀製器不盈尺裁茲片木頳貫以絲繩赤其形長而方其數雙復隻聯絡相合離中有隱起脊相推更相敲利以左手搵羯鼓與之偕急響拍復拍條理旣秩如衆音乃翕繹樂句問老伶爲我講且畫

贈泰州牧王介巖 名鎬山陰人

海雲黯黮海月黃海陵城外飛微霜新堞齒齒排女牆中有召父仁且良嘆咻善政周寬鄉一號一令罔不臧

泠官沿牒來文場束帶不慣工趨蹌倒執手版綴末行
有如逆毛風中鶴夯聲中夜來客牀驚起捫壁喧搴裳
客座假寐盡敢遑脣乾口燥空徬徨紗籠熠熠肩輿旁
當階乍聞聲引喤衆客起立排堂皇主人執手情周詳
盍簪列炬何輝煌傳呼茗卒羅酒漿烹鮮燔炙炰羔羊
水引之餅調羹湯當筵馥馥開殊香萊園踏破撐枯腸
露醉仰看明星光樂莫樂兮未遽央鼕鼕聽鼓催人忙

雨中感懷次胡屺塘韻二首

衰年心事久如冰懶向紅塵走鬱蒸警露肯忘棲柴鶴
得霜甘讓縱絛鷹已看腰脚成如許休問梯桄更幾層

一樣浮生寄秋水莫將新芡傲枯菱

積雨苔痕欲上階荒厨那得酒如淮千絲婀娜長亭柳
复影玲瓏小市槐敢以墊巾誇有道但將高枕學無懷
秋風歸計吾先決只欠登山一緉鞋

落照牆根送晚晴濕螢無力向心傾草間誰聽孤蛩語
雲外空留過雁聲羸馬豈堪仍遠道鬧蛾偏自戀長檠
西山一角濃於染朝爽看來定有情

題瓊花觀圖後

吳公堂下春晝長蕃釐觀裡瓊花香司花來夢各有職
是花是夢終茫茫春波殿脚千人到獨見瓊花迎輦笑

一夜仙姿歸太清三分明月空相照古觀頹檐日易斜
洞房琳碧鎖烟霞井中仙客不可見街上老翁猶賣花
繁華轉眼成灰冷鐵獸門前吊孤影但聞人語怨高駢
那識鬼書留趙吞太白陰經標綵箋綵衣華郎長少年
歌吹竹西多夜市幾人曾到玉勾天

勸管平原開畫戒分韻得三江二首

知君能事本無雙偶矢前言折慢幢少日零縑珍共襲
老年健筆鼎須扛道心綺語還難戒禪繪魔天怎易降
且請解衣盤礴贏閒門一爲寫春江
金壺盥汁注深缸爲拓長箋闊短窗乘興好堆山沒骨

多情更補樹空腔定教生面傳千載豈止佳名著一邪
明月有人持絹素打門莫厭惹花尨

贈宮霜橋

操筆何殊南面尊書成千古守長恩殺青應聲南山竹
浄白須傾北海樽荒徑忽來名士屐春風乍到冷官門
漫勞垂訊焚餘草一笑寒灰不可温

得汪西顥書並承以王麐徵遺稿雕本寄示作此

奉答兼懷江玉屏

雲將遇鴻濛數言一覡隨天風盧敖逢若士九天掉臂
空仰視人生萍蓬聚合還遠離一食未飽長苦飢何如

爾我本未面只有慕想無愁悲我生奔走老湖海袁兄灌弟幾人在不見西湖不見君彈指風塵十餘載手把瑤華重太息千里關山莽無極我齒缺落君眼昏他時相見詎相識故友遺編校錄成知君生死重交情我有同心寄天末不知誰更客邠卿

祝吳並山五十

會集璮爐感歲華一樽相勸莫長嗟最堪暱就惟冬日大有奇觀是晚霞雪後人山還駕鹿春來乘雨便栽花明年翁子長安去可憶寒樵石徑斜

並山四十余以五十祝之昨晤言始知其誤因再

獻此詩
莫言歲暮孰予華介壽先將學易加本以書碑詭碧落
翻因晝日襯朱霞知君卽露懷中綬笑我能添錦上花
措大關心未來帳簿常酒債慣須賒

江賓谷以韋蒻仙所作梅花詩索和予愧不能繼
組聊以長句答之
江君手持梅花箋向我朗咏梅花詩云是黔中開府作
寄來遠道當和之我讀此詩三太息作詩年月我猶憶
翠螺山下風雪中獨對冷香倚頹壁一自梅花好句成
離宮獻賦入瑤京視草幾年直

祕閣探花一旦冠羣英從此城南天尺五轉首儀同吏開府夢裡殘霜路未遥鼎中餘瀝人爭取今花昔樹滿揚州記共木蘭僧寺遊舊句紗籠不知數那能一一追相酬遥知今夜庾樓下幕府多才和者寡倘教馬磨老文休誰向牛宮尋季野君不見水邊籬下影橫陳各抱幽香各有春東風隨意便吹去幾片飛來上錦茵

送袁春圃觀察還任雲間四首

疊鼓凝笳渡曉江海門晴日照輕艭開函瑞鵲仍雙印常鎮管揚關松太管海關皆佩兩印公言自歷任遵渚臺垣以來必兼兩職平生仕宦無有不佩雙印者翔鴻又一邦樓艠千叢擐斧繡泉騰五色迓旗幢津亭

耆孺知多少競戴香盆傍水聰

瑤島澄波靜貝宮海濱人識鮑家驄六條共稟
黃麻詔三御先盟白水東畫錦家山看漸近春臺民俗
喜相同扶桑絕域來賓艨萬里帆檣船趁風

鈴閣香清燕寢閒潮音鐘響有無間傍湖鮭菜通魚市
近郭村墟掩鶴關人物定堪求二俊烟波應更指三山
枝官不爲牽柔梍一棹松陵自往還

幾載膺門幸撇裾郢斤偏領道旁榜鶯花爨與幽人共
釜庾慚叨烈士如畫舫笙歌頻載酒冷齋風雪慣停車
一杯江上他年夢說士難忘是本初

題朱瑞屏磨蟻圖小照

我生半世輪蹄中壯年轉徙隨飛蓬入上燕京三入越齒落面皺成衰翁年過五十忽繫柅卑官偃伏江之汜羅雀門庭一事無反鎖衙門飢欲死憶昔結客少年場司馬衣裘陸賈裝豈知垂白如乾蠹肉生兩髀雷鳴腸我有片疑爲君獻莫聽杜宇枝頭勸天涯雖未金繞身故里更無人裹飯君不見長安道上人如梭朝朝鞿馬更鈴騾勞人莫怨磨上蟻書生肯作籠中鸎

遣懷寓余月村之泰州

鈴騾鞿馬津亭曙不許江春留客住少年心事負犁雲

六千里外揚鞭去去年風雪倚江樓悔作江天跨鶴遊

誰信客游仍更遠揚州一夢便秦州鳳林川繞金徽北

此地秋笳聽不得高柳叢篁好驛亭知君援筆多蕭瑟

君不見高生觸熱向武威鞍馬有似幽并兒文章但得

江山助闢隴何辭登頓疲征途努力從茲始健翮圖南

應萬里莫倚飛騰少替人還須束縛酬知己絲楊濃綠

廣陵城離思冥冥陰復晴皖公山色不可見杯酒勸君

君且行

次韻詶洪植垣二首

歸夢知君傍阮溪天梯幾道白雲齊新交市上誰投縞

舊業山中好斷蓬客路又尋江渚北秋心漸見斗杓西
近郊借得攤書地凡鳥門前不敢題
短檠孤穗耿銀荷抱膝空齋獨嘯歌敢厭爲儒官獨冷
尚餘問字客來多雲知入夜先成露水到當秋自灌河
努力拾青年少事看余吟鬢已雙皤

慰管平原悼亡

中庭冷色自交加忍對空牀度歲華才子慣教吟柿葉
詩仙又遣伴梅花知彈別鶴心先碎欲問迴桑路已賒
莫向畫圖頻喚取綵灰新釀更誰家

東臺曉發

于役貪程早扁舟急遡風一天霜月冷萬里海霞空斗極頻瞻北川流只向東不堪蕭瑟候曠野聽哀鴻

聞淮決

傳聞淮水決已到楚州城遠道川涂失卑居性命輕分離何倉卒流轉太縱橫側想清江口金堤未易成

過羅氏小園

小園依曲渚斜日冷苔磯地僻門常掩秋深客到稀霜風鳴野籜海日散林霏一磬松間出鄰僧定早歸

舟中即事感懷

寒烟漠漠水迢迢海澨窮秋倍寂寥儉歲魚鹽歸市晚

野田鮭菜入舟遥長天斷鴈難遵渚殘夜荒雞早伺潮
孤枕誰憐行役客授衣時過未停橈

贈東臺王　王成　明府

吳陵依海濱東偏尤繁庶場竈相倚薄溝塍自環互居
民十萬家疃畛儼碁布雖無城郭雄實有金湯固州牧
居其西鞭腹恐難顧
九重可東奏割半立治署厥名曰東臺淮海資扞禦
天子曰疇咨此事非細務始基苟不善如器先璺窳安
所得良吏善政使首布是時逢大霈一疏銓政淤妙選
孝廉才俾展經濟具英傑黜中來高振西雝鷺

特簡居是邦簪紳慶榮遇有如作巨室四壁甫設度又
若墾荒菑甽水方入堋禪門垂初祖此擔未易負先生
經術儒吏事乃餘緒持躬等圭璋拊民若嬰孺鋠摫既
已呈棟梁庶不仆報最書上考治譜入薦慕詎止徵三
異實足歌五袴今年偶旱儉憂禱煎百慮乞蠲復乞賑
一一爲民籲敢言小災沴視若非胏胕以茲撫綏恩頌
聲滿中路恭愛浹民隱豈以求聞譽生平讀書效今日
乃有據愧我迂鈍姿循檄此甓駐趼足走荒墟蒿目對
瘠窶頻年鮮蓋藏一旦失豐裕苟非慈母仁失乳誰爲
哺小舟泊寒汀漁火明遠溆中夜不能寐起視海天曙

援筆成此卑非敢謏召杜他年成志乘庶以備掌故

輓方㵎泉

酒船列炬夜將滅客船檣燈獨高揭醉中一揖向河干
此是與君爲死別前日捧君書一紙書中言病無端委
沈臥長安秋雨時誰爲量藥誰稱水老母朝朝自倚閭
可憐猶盼泥金書早知遠遊遂不返肯教輕放太眞裾
桂子不到方千墳宿草年年血淚新下泉知已亦未易
莫向鄴都頌帝晨

輓吳二鮑

無諸臺上秋雲𣊋江州司馬來何暮萬里關山捧檄來

誰知卽是修文路當年作賦獻明光驚人意氣何堂堂十載中書老而禿空教旅殯栖巖疆溫序歸時應有恨此身悔不天山遊陟岡陟屺自長嗟吟魂血淚秋原噴去年檥棹把深卮今日臨風揮涕洟安得乘車將薄笨撫君十字斷腸碑

贈臧蔭棠 蔭棠名開士字晝男與汪兆宏劉長慶韋佩金袁兆麟劉成基劉碩基同請業於余是年甲午臧韋三人同捷

昔我初來時考業招羣英經義數百卷惟君明且清日與君共談奇才眞縱横去春約儕伴下帷求典型老馬豈識途謬許爲良硎五日一課藝藝成匿其名我必識

君作自詭目有睛虎氣既騰上雄飛必先鳴七人作者數二人病不行五人戰衆敵三人奏凱成我聞屐齒折此眞制勝兵明年策東堂發言益粹精當抒第一義獻爲雅頌聲季冬不覺寒風日暄以晴好牽孝廉船揖我且北征

贈汪荇村 荇村名兆宏舉後不試禮部

汪子情情眞大雅讀書味義交游寡掃盡羣言探奧精劍在夫褫金在冶寂寞春風揚子居問奇叩戶一載餘果然至寶人共識有目豈肯捐璠璵計偕滚滚京華道塵滿征衣日杲杲君獨閉門仍授經江梅寒澁書牕曉

靜者神全躁者疲豹隱七日霊終飢知君養晦有深意
省括于度當忍之

贈韋靜山 菊仙之子

江城日落寒鴉棲一燈短焰頹廊西叩門剝啄者誰子
氣鬱丘壑垂虹霓孝廉之船公子衣光彩煜爚騰荆扉
冷官那得有此客隔牆鄰叟詫嘆歸官梅花開春令早
送君便上長安道述德眞爲忠孝家論才不愧科名草
憶昔咏蕉騎竹時石麟天上人稱奇男兒福慧自有相
雲路豈容他人馳明年淡墨榜第一玉署庭階看接迹
泥金馳報向牂牁爲道故人頭盡白 時菊仙總藩雲南

題汪少峰雪夜試茗圖三首

地爐煨榾柮活火焰騰騰應勝天山下人持一半冰

曹植馬前漠漠謝莊衣上紛紛何似茗柯妙理今宵獨建湯勳

苦荈濃煎夜獨嘗莫嫌風味太蕭涼難求銖纊與星火何限人間周子桑

乙未三月晦日招集同人於冶春詩社送春分得柏梁體

三月三十風日酣遊人不減三月三冶春詩社紅橋南森森萬木屯朝嵐我友羣集喧盍簪老者鬢髮垂鬑鬖

少者蓑屐紛磅礴爲愛蒲供來精藍更浮桂檝尋幽潭
霞思雲想增狂憨大家新論徵桓譚不須薛滿兼何戡
吹絲彈竹矜呫喃我有懷抱七不堪壯心已作僵後蠶
但逢花月擔一鹿高興便欲忘寢寐況有勝引皆僑鄰
如對玉敦擎金盦朋箋分體隨所妣短長不論鍼與錟
各淬利鍔磨精鐔隴廉隨娵我獨慚聊復一作海棠談
醉中鼙鼓聲鏜鏜催春欲駕驪駒驂我本於春無所貪
且謀結夏老學庵梅雖已摽葛自覃

潘雅堂招集懷園看牡丹

可喜故人子能交前輩人每於文酒地彌見性情眞小

圃初開宴高軒恰駐輪袁簡齋太史適至羣賢欣畢集嘉卉競紛陳雨氣重簾靜冰姿一朵新不同凡豔質宜與縞衣親蘇鶴知何處潘花又此辰鄰牆休弄笛醉裡正沾巾

璡孫十歲詩以示之

十年前事夢中忙得第生孫共舉觴久愧一官看汝大乍驚雙珏列吾旁謂次孫璿生少儀講後宜勤習爾雅篇終勿遽忘詒厥他年須假手老夫詩興漸頹唐

次韻祝吳底山壽二首

花自幽香酒自清東籬應不負泉明何須人外方休老但得環中便養生眼底烟雲皆儁侶筆端風雨每爭鳴

祝延愧之新詩句險韻酬來字屢更

知君萬事本由天，爛醉狂吟四十年。臨帖非關謀乞米，
把竿聊復學烹鮮。庭前慣設看花局，屋後閒鋤種芋田。
真率會中皆老輩，陳遵肯許便輕旋。

棕亭詩鈔卷十三

全椒　金兆燕　鍾越

哭趙璞函兼懷王蘭泉

歸來溫序只吟魂蜀國哀絃不可聞
天子籌邊非好武書生死事坐能文香名海舶騰詩價
毅魄蠻天作陣雲回首可憐征戰地仲宣猶自賦從軍

過隨園謁袁子才適值其楚行未歸二首

三年不見鬱離愁急叩通明最上樓豈意閒雲偏出岫
空教老樹獨吟秋家童已許穿花入遠客何嫌冒雨投
排闥笑呼同伴坐此身眞到鳳麟洲

知君杖履本無愁肯爲行藏更倚樓小別蓬山應記日獨尋林屋最宜秋人間不覺金貂貴此地眞堪玉燕投君昨歲初舉一子一棹湖天看白鷺定知歸夢在江洲

題韓江雅集諸公詩冊後

味江山下唐山人一瓢身後終沈淪昌谷山中李長吉錦囊厠裡半遺失惟有香山之白彭城劉龜兒編勒崑郎收不緣後人善攟拾靈物持護空鬼謀邗江詩人今已矣雅集諸公存者幾吉光片羽宛然新不共寒潮落秋水我捧是冊循復環詩讀十日門反關乃知前輩足奇氣隻字長留天地間

周孺人哀辭陸豐縣黃沙坑巡檢嚴樫妻持夫喪歸浙以毀歿于廣州

颶風獵獵吹銘旌海氣蓊匌黃沙坑猿啼鶴唳不知數
湘娥一哭枯湘塈前年捧檄隨君至回首白雲空制淚
今年萬里持喪歸衰麻何以瞻庭闈升車三號不我應
赤口炎炎心怲怲含悽顧視膝下兒我欲離魂相與倂
一宵旅殯兩黃腸風雨羅浮路渺茫到家莫更悲溫序
入室依然對孟光

汪師李和拙作見寄並貺以九靈山人集丹鉛總錄龍井新茶再疊前韻却寄

小水何須泛大樽虛車敢便飾輪轅碧天聊綴秋雲薄

白髮難瞞曉鏡昏瀟灑茶仙愛常陸紛綸經笥仰樊孫
一編一椀皆君貺千里音書抵面論

興化徐孝子詩

揚州孝子蕭與任刲肝奇事傳至今興化乃有徐孝子
母病醫母醫以心孝子之心肫且誠起死絕勝參與苓
取心奉母母已活眞心自在見還生見心母心本爲一
生機一片相盎溢我謂滾滾世間人只有此人心未失
孝子孝子徐萬俟無心一世惟操舟可憐白髮鰥且老
終朝孤影臨寒流我爲作歌感以愴此心耿耿誰堪傍
千秋止有安金藏

陳蓉裳以詩見懷次韻郤寄四首

落花飛絮罥游絲憶事懷人惹夢思乍喜魚書來遠道
更勞鶼管寄新詩風前暗誦循廊久燈下長吟掩卷遲
蘋滿汀洲春水濶倚欄應遍碧苕湄

酒冷香銷話夜分蕭齋憶共理籤芸乘船夢日知紅近
攬鏡吟霜歎白紛塵壁尚懸孤館榻墨痕休浣舊時裙
撩人最是雕陵鵲感類難留逝翼殷

征衣皺縠稱身裁異縣飄蓬莫怨猜仙窟定逢修月戶
墖聰爭選抹雲才千人石上紅樓笛七里塘前綠舫杯
聞道近爲皐廡客月明誰伴上蘇臺

憔悴相思我慣經聲聲檐鐵傍疎櫺室虛莊叟夜難白
柳學王郎春又青蘋爲新鶯課錦樹獨憐老鶴閉柴扃
鮑家詩意終難會一體如何判二形

題申孝子傳後二首三原申汝德事繼母以孝聞張秋芷給諫爲之作傳索余題之

丙舍雲深護夕扉終南山色碧成圍春冰未泮魚先躍
曉露初濃筍正肥千載門閭標綽楔一林花樹效斑衣
未酬織屨輕除服何限長安翟子威

慈竹春陰蔭屢移兆燕兩喪繼母斷腸偏露少年時枯魚已蠹
梁間索焦飯空留釜底炊十畝荒郊星歷脚一官冷舍

雪盈髭季姜殘 帙添新冊觸迕王郎老淚垂

題陶素堂表弟對菊圖二首

三徑黃花六枳籬秋聲今夜到茅茨南山處處悠然見
只惜孤雲出岫遲

高風千古傲羲皇豈爲糟邱戀醉鄉試看黃花矜晚節
獨於霜後見孤芳

問鶴

春日以鶴贈傳宗上人夏與客泛舟湖上因問
鶴焉客遂分韻作問鶴詩余得煙字

自與我鶴別思之常憫然亦知得所歸飲啄全其天夢

寐終不釋乃復披湖煙禪堂午磬寂僧出尚未旋藉汝
守柴關驚見衣蹁躚毛羽倍修潔似得清淨緣若非依
禪定安得此靜便顧我如欲語傍我相俄延懷舊情所
同安得不汝憐

江鶴亭新得康山招飲率賦

揚州城中朝市喧朱樓翠閣相連延培塿撮土不可得
井中鬱鬱徒觀天茲山秀絕人不識單椒匿處城東偏
閭閻闤闠相匼匝如鳥在籔魚在筌康子遺蹟漸泯沒
董公妙翰徒高懸故宅易主已非一勝地待人斯永傳
羨君獨有買山癖顧我始獲登山緣山入君手面目出

君得山助精神全疊石為山護腰膝起樓為山增肘肩
佳珉古碣嵌山腹奇花異卉棲山巔一日不陟山頂望
曠縱兩目興索然一日百遍山徑走踸踔兩脚如飛仙
日日招致愛山客笙歌如沸酒如泉名流麗句張滿壁
各與山勢爭飛騫我有故山歸未得山遊幸復隨羣賢
詩成更倚山樓嘯白雲紅樹紛來前

康山讌集次 袁簡齋太史韻八首

坐對名山列綺筵籬花爭豔暮秋天百年傳得詩八宅
先把黃金鑄浪仙
近郭遙峯左右當帆檣歷歷遠天長女牆穿過疎林外

放出殘霞襯夕陽

山腰奇石最伶俜　矮作闌干曲作屏　選得雲根坐吹笛
新聲分與萬家聽

惠郎中酒眼波斜　一曲清歌遏衆譁　安得將身作么鳳
香叢長伴刺桐花

樂府康王迹已陳　無邊風月又重新　若教喚得詩魂出
定許張衡有後身

自笑衰頹對酒翁　酡顏也學拒霜容　少年莫漫誇腰脚
黃海曾登六六峯

霜滿高城夜漏遲　爐煙尙裊篆絲絲　只愁帶月歸家後

處處亭臺費夢思

不論霧夕與霞朝　從此登山勝看潮　千載琵琶腸斷曲

吟魂今日為君消

題江鶴亭秋聲館

鶴亭主人新構成　高館獨以秋聲名　森森碧梧排直幹

鬱鬱翠竹交疎莖　開軒正當八九月　秋風忽聞三兩聲

滿堂坐客慘不悅　揮杯相顧心神驚　白髮已感年歲逝

黃葉况向庭階鳴　老夫大笑撩衣起　且請諸君各洗耳

人言秋聲聽者悲　我聽秋聲獨狂喜　農稼既穫慶有年

役車將休得歸里　大暑已過寒未來　高天淨爽無些滓

譬如壯士乘良時精神振刷百事理梧聲竹聲何徐徐
一片笙簧似步虛仰看星月夜未半且與歐陽共讀書

江玉屏以八日新作見示即步元韻代柬招爲燈
夕之飲

花前鼓三撾月下笛三弄哀顏得酒和暫一釋梨凍君
才富逸藻不竭隨所用竹林既把臂倡和有羣從謂令叔橙里令弟習隅而我傷秋特吟席無與共所賴素心友詩筒屢
郵送身如不繫舟心似全枯蔚不有良會樂詎得豪情
縱來朝休蹉跎去日已倥偬折柬招叩須致書心鄭重

燈夕招江玉屏共飲不至次日以集晴綺軒詩見

示卽步元韻奉呈更訂後夜之約

花下掃花人月中修月戸課程無了期勳伐何由樹自知坐談客勿復占巷過眼中人已老掌中杯宜覆將埋都亭輪安問窒皇履詩壇既多羣酒國聊共寓前日招君飲君乃不我顧座上無羋公滿座盡少趣知君多内集少長同湑酤我亦久開尊家釀足傾注近局相往來彼此無斁惡連宵月未虧影燈亦堪賦人生過半百駒隙已漸遠況乃多憂纏會合安得屢天須補其穿景定可再駐明夕望君來更掃門前路

十四夜集飲吳梅查卽席成詩見示步韻奉訓

火樹冰輪此夕兼流輝交影儆虛檐三更歌管猶留客
四面軒窗盡捲簾杯底莫教辭會酒鏡中已是滿吳鹽
良朋佳會人間少欲買燈宵幾度添

祝田鴈門八十

鴈門先生不可及行年八十如四十游龍健骨雲端翔
老鶴長身霜下立城隅習習落燈風寒勒梅梢未肯紅
野日初晴遊騎少早逢杖履畫橋東杖履相逢成一笑
君眞不減狂年少挈榼提壺盡後生婆娑一老偏同調
君言昨歲病中時豈意今春復在斯良友自沽延壽酒
老夫只當再生儀我謂先生倉扁侶遐齡從此方堪數

生平何限活人方晚歲且爲如意舞我齒小君二十年
羨君矍鑠如飛仙他日向君拜百歲八十老翁應可憐

寄吳縠人

金霧濛濛繡作帷瑤臺空聽步虛詞日憐夸父終難逐
山笑愚公未可移露泣巖花沾曉淚煙屯宮柳鎖春眉
長門倘較天涯近休詠班姬篋扇詩

金斗歌

謝蘊山太守以典試河南鹿鳴宴金花製爲巨
斗席間出而飲客命余作歌

洪州地勢鍾人傑裔出謝傅之子孫弱冠讀書入中祕

木天品望清且尊
天子求賢重選士賓興三物典制存惟茲豫州嵩嶽地
生申生甫古所聞
九重慎簡詞苑職提衡操鑒試以言我公奉命乘軺傳
三旬鎖院求國珍鹿鳴高宴領多士一一堪爲楨榦臣
花簪兩朶金葉重奇光熉熉如黃銀鋒車華館相照耀
臣心夙夜惟其寅歸捧重器獻堂上雜沓賀者羣在門
公曰此貨誠難得宜作彝器銘
殊恩乃命良工製大斗入冶寶氣騰洪鈞傳之奕禩永
寶用如捧

紫誥欽
絲綸花前示我勸我醉盃曰其義不及賡手麴口讀詞
義古周欄四面迴波痕沾脣漬口謹再拜不敢濡首恣
鯨吞商盤孔鼎此其亞豈宜褻越頻摹捫歲時潔齋供
享祀子孫燕喜兼冠昏今夕何夕歌既醉高甲況復傾
詞源祖珽帽中不可匿且賡巨製庶毋譏

喜晤汪草亭
爾我髫年友相看各老蒼謀身惟用拙對酒尚能狂好
下舊時榻休褰前路裳紗籠佳句在香繞谷林堂

集潘雅堂齋中次韻題張看雲畫

次閔玉井韻

空壁滃雲氣揮毫獨有靈山延窗外碧石映砌旁青使足名金谷何須展玉屏主人眞愛客小室肯長扃

次徐藝農韻

名園得早春疎梅已如畫更張煙雲圖幽思出詩外謖謖生松風漸漸鳴石瀨常此供卧遊何必入林靄

次吳梅查韻

勝引集良辰促膝無少長萃兹金蘭契共作煙霞想空庭春草生遥天片雲養更看壁上圖競致物外賞濃潑更乾皴外潤而內朗高峰峙前另懸泉亘瀠漭小室不

數弓疑有萬壑響安得泛之一艇從此舉溪網只愁塵俗客園綺不易倣但許對玆圖遙峰指三兩便足滌悁襟與君袪憤快小園門勿扃我欲常來往

次羅兩峰韻

作畫知君亦等身畫圖猶自羨他人壁間古燈堪為友句裡生香別有春鍥管千堆應不惜鷺溪一幅更教皴解衣盤礴眞機出莫遣煙雲空際淪

次易秋澄韻

紙上如聞萬壑秋天紳百道向空流懸來高閣延賓侶便作謝公山澤遊

次潘雅堂韻

滿堂讀畫皆詩客尺幅煙嵐生硯北書卷疑雲石氣青簾帷忽罩松陰黑朝霞對我何軒軒知有天光空際懸他時更泥看雲子爲寫庭中雙樹圖

再疊潘雅堂韻

滾滾作詩滿堂客詩壇鏖戰我先北吾子眞令藍謝青老夫且以白守黑諸公佳句無輊軒強韻一一金鈴懸賡章獨愧車前果擲向潘郎尚未圓

次宋瑞屏韻題范芝巖邗江話雨圖

我生性癖愛結交良朋彙取如征茅平原慣作十日飲

那肯把臂旋輕拋前年甫得共君醉一矢已獲先聆髇
昨歲聞喜更酣躍威鳳初搆丹山巢文河從此益濤發
瀆漩那許他人捎今年旌棟更小住看花屢獲陪煙郊
朱欄紅藥競萬朶碧天丹閣臨千切彩筆君眞照霄漢
春風我亦生庠膠所愧才力百不逮桑弧安敢儕犀弰
顧襯珠襻結君佩願瀝瓊液充君庖汲引倘顧井谷鮒
往還詎棄愁潭蛟新圖一卷乍持示卷中麗句扶千苞
鐘鏞巨響旣迭奏微言乃復徵竽匏裂帛自知窘邊幅
難舒尺寸隨雲旓強韻一一苦踐躡不辭絙躋高梢
一時俊侶吳與宋淄澠判别誰能淆圖中相對者誰是

濛濛煙雨浮蘆荻高談快論人不識漁童荀婦紛相嘲
遂意促膝樂復樂美酒共酌飯共抄嗟余六十老而吃
欲鞭馬腹無長鞘安得艣舟一夕許共載應勝蹇驢道
上推還敲

補祝詒有叔六十壽述懷

四十年前童丱時一編几案同咿唔靈運最愛惠連句
伊容亦賡嗣宗詩癸丑歲先君子開家塾兆燕相隨叔父讀書竹林忽聽驪
歌起燕山閭嶠五千里叔父年未二十郎事北游偶停歸棹返家園
白酒一壺鄉味旨豈意飛騰三十年叔安家食我風煙
關山南北顛毛禿骨肉東西屋角連即今泠宦違鄉縣

十年不見親知面庭前老樹定如何舍後青山應不變
忽忽光陰甲子週不堪重憶少年游銅盤會食知何日
竹杖看雲又一秋作罷家書空太息依稀記得懸弧日
前日秋堂忽夢君繞階猶弄魏郎戟

卞公祠枯枝牡丹次謝韞山太守韻

春雨之後塗附塗繁葩芍藥間交無滿目生意益百區
掃花日日煩仙姑忽驚異種忠烈餘眕盱遺恨兼生枯
巖巖德性本自孤鬱爲瑞木根荄殊巧風不得相吹嘘
異質獨抱幽光舒千載毅魄此中居呵護有若勤芟鋤
死生天地猶蘧廬正氣自有精光儲人生萬事皆六如

誰枯誰菀眞集虛

次謝蘊山太守韻送宋瑞屏入都

春風入夜吹虛檐高堂夜飲方厭厭四更山月橫冰匳
有客將發裝初嚴仰看星斗明樞鈐海天日出羣陰殲
孤青一點浮遙尖天衢隆棟爲君占執手且作片刻淹
北行我昔勞郵籤求針入海未易拈去冒霜雪歸觸炎
塵土撲面侵髭髯晚嫁寧堪儕麗纖鏡裡自惜衰無鹽
先生蔗境今方甜異寶豈久泥中潛魚腸淬後鋒愈銛
龍門回顧紛鰷鮎夕陽寒影棲崇巉三語此後懷阮瞻
邗溝淺水空瀸瀸自我識君心早恢詩壇卓犖工飛箝

躭書嗜學太不廉屆尽卷軸高齊檐我慚膚學惟擠掙
敢復喋喋還佔佔每於盧扁求針砭支離擁腫不我嫌
朗朗懷抱同崔遈翩翩才調如丁覘巨室大木森楩柟
侏儒薄櫨受職僉明珠何以酬貂襜安得終歲如蛩鶒
自昔杜牧與韋蟾皐蘭從無荒徑漸君才已似春渚蕭
君身肯作泥絮粘能魚雙味不可兼分手請勿離愁添
木天他日眠青縑掖垣花影清露沾懷人應復搴朝簾

題汪起堂載酒聽鸝小照

憶昔從宦客海陽山水處處供壺觴接秀之橋西門外
絲絲煙水拂柳塘是時君尚未弱冠讀書已富曹氏倉

歸來十載居維揚君髭已茁我鬢霜潭裡船車何擾擾
紅塵插腳空奔忙兩城出入隔新舊過門不暇頻登堂
君擁三樂眞常羊雙扶白髮綵袖香家弟已作華要郎
俊兄聲譽歌陟岡蘭芽新茁更奇異石麟天上標昂藏
聽鸝載酒足佳興知君所愛惟景光而我落拓猶江鄉
終日手板隨趨蹌妻孥參養苦不足安得鼓吹來詩腸
披圖話舊坐深夜夢游已到新安江

呈朱子穎都轉八首

輦下聲名四姓豪傳家簪笏戟門高
清時碩彥羣推轂壯歲公侯早夢刀草野謳歌追召杜

廟堂籌策裕蕭曹東南筦鑰
天家重更向江濵一建旄
淮海波光拂曙開遥天紫氣自東來千秋樂利憑禹筴
一代文章重雅材竹素編摩懸日月川涂飛輓捷風雷
經邦有道徵儒術先遣和羹試鼎梅
井絡天彭鳥道懸憶曾辛苦事戎旃星流盾墨枚皐檄
雪擁氊裘祖逖鞭絕域倍增詩骨健奇才獨受
主恩偏全銷兵氣敷仁讓魯國諸生拜馬前
泰山梁父鬱層青清篳疎簾列翠屏千里洪波浮汶泗
三春佳氣遶云亭帷宮傍日排高巘輦路依雲出近坰

天子入疆行慶遍早頒金爵到莎廳
十月冰霜渡大河萬家煙竈出叢柯舟車溢目豐亭久
水韮銘心淡泊多黍谷盡吹鄒衍律棠山堪駐魯陽戈
兒童拍手歡迎處來暮爭爲夾道歌
引喤衢路曉寒帷指點閭閻認昔扉僧壁拓紗籠舊句
市樓懸綵迓新暉墊巾沽酒知何處解帶量松更幾圍
前度詩人今豕繡鬚眉爭識未全非
翹材新館傍雲涯門外方塘藻荇加多士文章披晝錦
使君意氣冠朝霞九原遺範師忠悃三物羣英蔚國華
自向講堂頻校課不教明月冷梅花梅花嶺爲史閣部葬衣冠處舊有書

院久廢公重為建闢課士其中

布鼓雷門未易持邪堪舞鏡喚村雞知公說士甘于內

笑我逃名聚以醯妄擬擲書當叔夜敢勞束帶效昌黎

牆根蟋蟀聞鐘篇聊向秋宵更一啼

看續芳園芍藥

愛花如愛書搜奇不惜心手劬好花如好色訪豔肯教

雲水隔昨日城北攬已周今日更作城南游出城喚渡

日杲杲爭渡盡是看花儔河干曲徑依稀在當戶古藤

屯綠靄藤陰幕歷牆玲瓏隔牆已訝花如海繚垣斜遶

赤欄行行到花前魂自驚金輪天上排千輻瑞日夢中

吞入英淺深紅白宗生縟千朵萬朶看不足駢枝並蒂各呈奇披煙濯露爭相續錦幔高張列廣庭五光十色紛冥冥開到此花春力竭春欲不去應難停我倚花欄頻岸幘花應笑我顛毛白風前私語向花盟來生還作揚州客

吳曉亭以詩柱贈步韻奉詶

先生高蹈人停舟偶憩此掉臂過豪門不肯投名紙踏雪到冷齋欣言獲覯止傾倒胸中書抨彈天下士學古得眞師持論據獨是人稱乖崖翁自號鏡機子杯酒氣益振古人少可擬眼前昨暮見安足爲舉似聞昔王比

部穀原與君室相邇斯人眞天人惜哉今已死豈惟悼
龍頭亦自慼馬齒人生過半百萬事皆可已安用車班
班聊曳舄几几白日寑已馳乃作發軔始人縱不我訶
我亦宜自耻君今返家園禽尙庶可比座猶留荀香書
更望蘧使何日訪戴舟一問剡溪水

丁酉冬日程魚門編修以六十自壽詩六首郵示
余六十生辰適在除夕守歲不寐次韻寄之

祝延觴裡歲云除剧到屠蘇孰後余往事已迷三里霧
來朝猶挂萬年書近刻時憲書再週甲子葦茭插遍渾無謂苜蓿
餐來不敢餘獨憶酒人燕市在火城珂傘見嚴徐

噬腊何嘗盡得金　肯將形役累吾心　嬉春但選過頭杖
假日聊爲抱膝吟　自信疲駑難十駕　未妨朽櫟也千尋
百弓新種琅玕滿　把臂誰堪共入林

黍麥低昂各有頭　蟻封敢望鳳麟洲　說詩斂手輸匡鼎
傳易甘心讓賀儁　寒柵露雞空喔夜　高墉霜隼自摶秋
他時下澤過鄉里　不負平生馬少游

撫弦定必有虧成　拈子難教泯讓爭　但放眼時天自濶
不投足處地皆平　看來好事多虛事　悟徹無生是養生
匿影韓康休入市　人間何得盡知名

敢矜邊笥腹便便　飲鼠河流亦果然　買菜市兒休請益

梳頭貧女若爲妍當階淺碧春應發閉戶遙青曉自延
從此陶情但絲竹不須哀樂感中年
江湖落落平生友項領紛紛非輩兒豈有文章同庾信
敢分主客效張爲引年漫守庚申日判歲俄驚彭子時
强韻壓成天欲曙燭花爐焰總相宜

丁酉除夕

世事何分酩與酥但求暇豫便吾吾任他虛耗同爲照
笑我詅癡亦有符一盞且謀傾鑿落五花底用上氍毹

戊戌元日

十年舊夢空彈指憶買扁舟上直沽

矯首扶桑麗日遲晴光煜爚布彤襜眼前六甲已全過
階下雙丁應可添未覺囊空留酒債聊因門靜理書籤
冷齋曝背南榮下晴日浮烘正滿簾

曹忍庵枉過署齋以詩見贈依韻和之

不問江頭繫纜磯一鞭飄瞥帶殘暉乍驚狹巷來雙騎
似獵前山更幾圍缸面臘醅花下熟溪頭春韭雨中肥
莫愁寒榻無氈臥尚有相如未典衣

五月十六日病中夢謁杜樊川祠題壁

罪言懷抱自千秋幕府聊堪借一籌禪榻鬢絲春又去
空將煙月老揚州

病中朱子穎都轉餽食物詩以謝之

伏枕空齋日已逃忽驚珍味旣來多聚觀且耐兒童擾拜賜還憂禮數訛九轉飢腸抒軫結三旬皺面起榮和具腓何限秋原草盡待慈雲散積痾

哭吳松原

五月二十日老夫病兼旬是日更綿惙伏枕頻吟呻似夢復非夢見君漸江濆揮袪未移時白日旋西淪我時魘向牀家人驚且喧瞪目燈如豆哽咽不得言異哉未半月噩耗來遙聞君果於是時長逝無歸魂古人視生死無異晝與昏解殼而隳裘宂復多逡巡獨悲曠世才

窮老空山春所學不見用一棺已戢身詩卷留人間牘語何足存哭君還自哭君聞定悲辛而已逐其眞而我猶爲人

題曹南皐所藏其先祖鐵船道人詩卷後

千秋萬歲名寂寞身後事一瓢擲向長波中若滅若存何足計獨有慈孫孝子心手澤杯棬未忍棄縱然聲譽竟沉淪肯教簪履常遺墜拾來片羽光猶騰珍以千金尋豈敝鐵船道人歸道山注籍已在方蓬間詩衢追步有詒厥寸札寶護如環珊帽箱衣篋紅蟫走紙勞墨瘁亦已久裏鹽覆醬幾度經到處似有長恩守文孫見之

捧而泣一讀一諾跪且立此是吾家琬璧與球圖不愛
珠琲百千玉珏十繡褫錦贉絲爲欄精神奕奕還舊觀
文綾重裹錦帶束龍威丈人闕見難有時謝庭好風日
烏皮几上展緗帙滿堂賓客肅然興似檢異書入唐述
吁嗟乎裴家泉石魏家笏榮華轉眼成消歇數字長留
天地間頓令光彩中霄揭鐵船鐵船如有知自以精氣
常護持雲礽百世永傳襲生祥下瑞無窮期

粽亭詩鈔卷十四

全椒　金兆燕　鍾越

己亥元旦和唐鵠舉韻

隔日纔過覽揆辰（予以戊戌小除日誕生去年戊戌十二月小盡）三朝令節便相隣丁年空憶強兼壯亥字聊書首與身儉歲傾囊難餞臘衰顔得酒也生春名園城外多新葺好辦歡游更浹旬

讀張堯峰秦西巖唱和詩因次其韻柬示兩公

兩翁鬬詩強不肯一个弱百斛鼎互扛九天珠共落手賽大小垂局爭先後着瓊瑶相報酬軒膾各咬嚼乘風

羨雲將觀水驚海若百戰百回勝一日一竅鑿春花旣
翩翩秋星更作作蘊藉張九齡奇奧李百藥乃知文字
禪盡解根塵縛而我本鈍根于今尤隔膜但獲壁上觀
已甘壘下却商蚷安可馳阜螽勉使躍此事眞推袁吾
八且效郭入春已七日客思正如灼蕭條鶴在林局縮
狼處槖何意霜月夜忽聞邾魯柝首春風日佳大堪謀
飲酢詩朋聯新舊花事憶今昨且爲三八行匆坐十日
惡安能學子雲空亭守寂寞

元夕讌集贈雲軒分體得七律

濃雲解駮乍紛紛簪合筵開已夕曛肯散銀花惟火樹

最憐白髮是紅裙酒邊不惜歌千疊天上應添月一分

一笑廣文官獨冷瓊瑤何以報諸君

唐薌崖觀察招飲牡丹花下分賦

萬里事宦游三逕久仳別甫聞繡衣歸早見綺筵設開庭既掃除草木倍光悅勝引欣沓來外姻忝末綴名葩耀華堂錦幙排緋纈色對酒人酣香入琴心潔倚石當醉眠添籌祝大耋公所居堂舊名海屋庭前美人石娟妍可愛滿堂羅衆賓盡是遂初哲林下談笑真花間性情澈況有孫曾輩一一蘭芽茁從此文字飲不辭賓主迭所喜冷官閒未覺塵纓紲

贈胡檢齋

文衡使者開旌門諸生鵠立如雲屯教官趨入東西向
屏息不敢相爲言長身玉峙者誰子奔走階前供指使
初試卑官職內巡早知幹局占通理使者退衙羣吏局
鈐軒長晝風滿庭科頭促膝暫閒話塵土相逢眼倍青
聞君家傍蒙城住齊物逍遙應久悟誰共鵬鳩量地天
不妨椿菌同朝暮

次秦西巖韻送閔西軒之楚兼懷江橙里

我昔扁舟泊夏口洪濤萬里江聲走千秋才子在何處
鸚鵡洲前一搔首行人無恙出破冢布帆寒影罩虛隴

江上琵琶不可聽青衫但有淚珠湧天涯行脚訪南宗
回首黄梅暮靄封夢中歷歷舊游在何限關山衢路衝
此去知君客思稠舵樓吹笛過黄州翠館紅亭多水驛
曉風殘月數更籌待伴有人淸且淑意氣狐裘同伯叔
燈下應看對影雙花間肯使持杯獨芳草晴川漁子家
烟波村畔足淸華登樓莫更悲王粲作賦須教繼景差
尺書爲寄江橙里兩地相思同瀰瀰何日重爲解佩游
塵纓快濯滄浪水

鮑鸞書偕令子雙五過訪並貺佳作率爾奉訓

憶昔挾策遊新安巖鎮路口停征鞍潛虬山人意氣盛

新從閩嶠歸故山錦冊示我荔枝詠嶺霞海氣生筆端
分手一別二十載時時夢裡相往還東行眞人白日馭
名家又見羣隨紀新駒項領久已成老淚縱橫不可止
千秋著述付名山三代箕裘喧錦里請看滿眼侈輕肥
幾人貽穀到孫子夜市揚州空糾紛何樓入語無定論
潛珪泥下不自炫光彩誰知席上珍榮名至竟爲身實
富貴應須致身早白頭老子向春風事業空慚科上稿
綠楊城郭花冥冥野飲不醉還吞聲何日寒泉薦秋菊
一披宿草問泉扃

擬送諸生應省試寓居三官堂贈韓景湘道士

憶昔十年前沿牒來秦淮僦居武定橋我友讀書齋（詔吳）

（春江）古樹遶檐楹秋花羅庭階更與道院隣東西恰對街飯罷每閒行談笑日夕佳君時初着冠仙侶四五借奕奕僞祿儔超然無與儕今我垂白髮萬事多所乖差肩倚旌門仍與槐柳排所喜獲卽次仙扃爲我開一室淨無塵簫管閒樽罍以此滌俗慮庶幾得靜諧而我屢感嘆怛焉忽有懷前者所卧廬主人已沉埋幻作逹官宅輿馬紛相挨老屋秋樹根曾覆掌中杯不知改築後亦尙蒙滋培衣狗眞多端木鴈寍異材拍肩且此日一笑同洪崖

和張荔門松坪集康山贈江鶴亭韻六首

託根不信在廛闤夜半應聞響碧潺白練一繩穿樹月
青螺幾點隔江山已教遠浦呈明鏡更遣高城作大閑
試撥鵾絃歌一曲詩䰟呼出翠微間

殊恩紀遍勒崇鴻萬丈榮光燭遠空勝地定超千載上
仙璈疑貯一輪中捫搜便得幽遐趣位置眞推造化功
入座不知誰是客觴行無算樂無窮

傑閣層梯碧蘚生高標萬卷擁書城天邊日月窓櫺過
簾外帆檣几案平五夜星河迎曙色千家砧杵送秋聲
行人共道江家宅竹樹池臺盡有名

康王樂府舞衣斑千古高風不可攀纂籍糾紛成底事
醉鄉淪落且消閒香名舊著原難及廣厦新添又幾間
堪笑冷官憐破廟日尋拳石上浮山
翰墨圖書未肯收朝朝三徑待羊求秋深得句還敲月
夜半聽歌更倚樓沾砌露濃花艷艷打窗風緊葉颼颼
嘉招快侶同沈醉勝作雲山汗漫遊
花萼新詩誦幾章弟兄才調重班揚日邊影麗鴛雙簉
雲外聲和雁一行江月依人懷往事隴雲牽夢到咸陽
不須憑弔增惆悵真率杯盤會正長

將還官入都管澹川以詩贈別次韻奉詶

揚州花月地薄宦十二年論文皆徐幹談藝多桓焉何
截或授曲辭濤亦投箋以茲娛衰老竊喜全其天幸免
坐堂皇案牘紛滿前亦鮮沿牒檄奔走困塵韝鈍或笑
似槌直亦任如紘但願垂白髮長此守青氊人間富與
貴過眼猶雲烟性甘錞處後力難鞭着先郎今博士官
齏鹽古所傳摩挲石鼓文考訂車攻篇閉戶足自適鐵
擿兼韋編何用持麾節廣廈張細旃萱草憂可忘青棠
忿胥蠲柔茗集翡翠深淵藏鮪鱣悟茲逍遙理安用悲
離筵感君瑤華贈青山同硲眠乃知良友懷在遠意不
遷清歌留行棹更招沈下賢

除夜飲施耦堂萬齋即席成詩二首見示率次原韻

一朝送臘即迎春雪意先教紀令辰踪跡不須還憶舊頭銜聊復更從新多慚幕燕繞營壘何意包魚也及賓欲對梅花同索笑將詩時向畫檐巡

主賓相對恰成三潘孝廉雅堂在座不許懷鄉只快談綺歲多情難獨守客厨有味竟分甘正逢狂侶愁先豁莫笑饞扠老更貪側耳紞如聽五鼓朝衫着罷尚餘酣

庚子元日雪中早朝次吳穀人編修韻

金闕鐘聲動紫微玉階寒色映

彤闈
御簾開處祥光滿仙仗排時瑞葉飛千里纔拋婁敬輅
九霄旋拂謝莊衣趨蹌自愧儒生拙也帶
天香滿袖歸
是日 賜宴 太和殿同疊前韻恭紀
恩詔初頒曙色微早陳華宴出
宮闈銅盤錯落東西列帔舞蹁躚上下飛珍果味分仙
掌露
御醅香入侍臣衣半生朝暮虀鹽慣今日枯腸飽肉歸
正月六日同陳給事寶所錢吉士慈伯飲施侍御

耦堂寓齋次韻二首

詩朋慣聚莫嫌頻酒政雖苛敢不遵新歲問年難諱老隔宵紀日便書人但持白雪招同調應勝黄金繞隻身知有少陵佳句在獨容王翰願爲隣

蕭齋排日剪蔬頻茹菫應堪學蔡遵酒共惛狂無酌我官非愛熱肯因人烟霞不改從前癖歌嘯聊娛現在身莫笑捧心無好態東家鑿本效西隣

都中晤吳鐵儂

冷宦頻年共一方便將異地當家鄉烟霞舊侶還重聚塵土衰年又飽嘗出岫羡君雲作雨脱巾笑我雪添霜

不堪昨夜揚州夢猶是平山載酒堂

風箏

嗟爾原輕薄因風便上游弦高天易聞綫斷地難收薇日曾無幾穿雲豈久留賺他年少客翹首不能休

張大司成樊川先生以詩枉贈次韻奉訓四首

講堂新瑞紀三魚學舍奇書富五車得向宮牆瞻古栢頓教寒碧愧園蔬

新詩濃釅勝春醪落筆眞看五嶽搖傍得通明叨十賚何殊榮錫受弓弨

都養紛紛像與飧帶經千古幾人存從知六籍皆肴核

好與先生味義根

春風滿座自悠悠敢說南來有子游從此放心收拾盡
烟花更不夢揚州

張萼樓上舍屬題新居壁率賦以應

長安萍聚人移家等移竹何曾居求安但見隣屢卜去
冬我初來草草解囊襆僦居委巷中得樹便已足今夏
大霖雨階除水汩汩紙窗墮蒙頭土炕濕及腹不辭轉
徙勞更擇一枝宿有如蚷馳河豈曰鶯出谷新居羨君
家門闌頗清淑市近酒易沽徑僻書可讀朝披荊蘭衣
夕捧鹽虀粥循陔樂有餘何必羨朱紱前年文選樓揚

州覲芳躅聯吟展華牋酣醉傾醽醁本擬安樂窩高長亭花月福豈意官職遷難使地脉縮人生區蓋間有欲難遍逐所遇皆可安知足庶不辱歌聲出金石爲君詠適軸

就館王詒堂編修邸舍施耦堂侍御以詩見懷次韻奉答

賓館隣家只隔街不須囊橐費安排紙窗日暖當風捲髹几塵清逐曉揩居向長安原不易地堪小住便爲佳甎隨童子呻佔畢也對春風一放懷

耦堂寓齋夜酌即席疊前韻呈座上諸公

纔騎歸馬過天街早見壺觴次第排滿壁華箋珠並燦
當檐明月鏡新揩客途正值春難遣酒所休嫌論未佳
但許入林同把臂何妨一詠嗣宗懷

耦堂月夜枉過兼以詩贈次韻奉訓二首

銀蟾一片正迎人滿室幽輝未覺貧半夜鳴珂驚鳥夢
九霄騰彩散雲鱗繡衣霜下才名重華髮燈前笑語新
我住巷南君巷北便成無着與天親

歌管隣家樂正酣絲絲聲似裊春蠶誰從趙李當場醉
且作宗雷永夕談私喜蓬因麻裏直定知茶向薺邊甘
獨慚叔夜多塵垢難數平生七不堪

耦堂疊前韻枉贈疊韻詶之二首

臣今老矣不如人須達偏逢第七貧失酒祗緣蛇畫足
得書未免鯉傷鱗青山夢裡鄉關遠白髮燈前客鬢新
薄宦自知難久駐敢言僮僕尚相親

卒歲惟將一卷躭送窮難似嫁金蠶陶潛自昔愁形役
劉表于今愧坐談看遍唐花都是幻咀來諫果幾時甘
孤根移得江潭柳憔悴風前已不堪

同耦堂再疊前韻二首

詩囿君真少替人撒珠抛玉不言貧中逵廣闢三三徑
巨壑高翔九九鱗火以屢傳重倍熾臺因層出色逾新

松陵唱和吾焉敢釣具金波庶可親
賡酬强韻本心躭其奈絲難續餓蠶但得杯傾燕市酒
何辭筆作夢溪談長源君自河添潤短綆吾憂井竭甘
經笥書倉如可借也應致密問張堪

施侍御與陳給諫文讌有作索余次韻率成三首

奉呈

未得銜筵共醉巵也催覔句撚吟髭積薪豈復堪居上
華黍空教更補遺難判存亡凡與楚聊商可否惠兼夷
海棠花落藤花放除却前期有後期
瓦玉相看總一巵紛紛爭鬓夢中髭江皇解珮誰堪贈

海上求珠定不遺客邸正逢天氣好花間眞使我心夷

銷魂十五年前事衆裏驚傳揭榜期時正禮闈試期

天倪和後任言卮不向人前更染髭我輩自能交有道

先生何必行無遺風前落絮隨飄蕩眼底長山自坦夷

沽酒尚堪動春酌杜陵應許共襟期

集韋約軒新居次韻二首

當筵同是謝家隣對酒何辭索笑頻偃蓋高松宜向日

移根小草也知春苦吟屢促酬佳句讕語還應恕醉人

執手長安多舊雨水萍風絮總前因

小石當階亦可攀崚嶒離立勢寬閒片時甦領南華趣

幾點驚看北苑山三徑人來花正發一庭晝永草同班
牆根竹葉休輕折未許扁舟便擬還

偶成

月在重霄珠在淵如何一樣論虧圓翠屏相隔無多地
簟永簾烘便各天

沈樹聲母錢太恭人節孝懿行不可殫述嘗有句
云減膳朝供飯分燈夜課詩紀其實也余聞其
事作減膳分燈詩二章以俟採風者

減膳

今朝幸有飯不作無米炊且供衰年飽易忍季女飢捧

敦匜具饘粥二老歡然各饜足獨入空房自束腹

分燈

母縫裳兒誦聲瑱瑱虛窗共此衰燈光書囊筆牀篋綫箱一篝相伴秋夜長他日華釭照甲第萊公堂上堆燭淚牆角休將短檠棄

夏日都中雜咏四首

冰盞

午夢初回日漸曛聲聲脆響隔街聞宮商豈爲因人變寒暑偏教易地分入耳乍如喧急雨醒心已似坐涼雲吾生作事多無益莫遣盤中更鏤紋

涼棚

縛竹編蘆似小亭全家借蔭此中停但遮東旭三竿赤已失西山一角青匝地聽來何處雨遥天看得幾多星憑他掣曳爲收放眞悔依人傍戸庭

竹簾

一從飽繫矮檐隅苦向烟波夢故居織得愁心當戸小遮來醉眼隔窓虛逢人敢便分疎客入世惟知任卷舒還許天寒依翠袖不辭憔悴到秋除

蕉扇

批風抹月野人姿難與羅紈共入時賣向九衢聲價賤

捉來三伏夢魂疲乘鸞那有雲中女撲蝶空隨道上兒
記得當時清露下一窓涼影綠天垂

同王竹所飲余月村法源寺寓舍

獻歲已匝月百卉猶枯荄今朝晴日暄九衢無纖埃吟
侶紛然至忍使便却回隣寺不數武禪關足松槐幸延
晷刻歡庶令懷抱開我本不佞佛而愛遊香臺譬彼轅
下駒土浴亦快哉明月既已盡夜珠何處來秉燭且一
醉勿辭手中杯

次韻送吳鐵儂之官萬泉

人生馳騖飈車輪達旨誰能如崔駰驪歌一曲酒一巡

春風祖帳愁離人自我與子官相均槐兄橘弟情逾親
往往執手忘主賓知君胸中無點塵清溪鬼谷儀與秦
雄才世莫窺其津即今牽絲初展綸纔如熠火閃一燐
已看百里皆生春我本棄物無與甄寒塘但愛縈波蓴
一朝誤別秋江濱霜風刮面皮肉皴梳裹不解隨時新
但以鈍拙全其眞別君對君更愴神牽衣送君出城闉
從此獨客吟蕭晨舉杯空憶公瑾醇百梯山勢如哆唇
使君騶從何振振河流屈曲眼中陳飛泉萬道垂天紳
壺口雷首青正勻驅車直向大路遵唐魏遺俗頗足因
卧治不用嗟勞薪誰爲頓富誰夷貧沐以雅化皆堪馴

君去勿復爲我嚬我已悟徹身外身王官之谷如可隣
便邀表聖同垂綸清泉白石應潾潾

中秋後四日同羅兩峯上舍程魚門編修汪秀峯
員外蔣心餘編修張瘦桐舍人施耦堂侍御集
飲翁覃溪學士齋中卽席題秋江蘆鴈圖

良朋集高齋暝色入虛室夢裡江南一片秋乍教移傍
詩人壁小庭巨幅爲橫陳俯首差肩聚看入昏眵老眼
喜雙豁此身忽與烟波親兩鴈相偎三鴈立一鴈孤飛
欲何適水邊葭菼自埋眠天外雲霞未可卽秋風瑟瑟
影修修舊侶相尋只蘆鴈正是欲歸歸未得銜蘆猶作

稻粱謀

同蔣清容周稼堂兩太史沈南樓吏部蘇方塘明府羅兩峯沈匏尊兩上舍城南看菊分韻

西風撲面已微寒猶喜霜林菊未殘老圃班荆堪列坐村厨捽茹且加餐會聯真率人非易秋到蕭踈畫亦難更約探梅還出郭不辭重戴共潘安

次李艾塘贈僕詩韻四首

天涯得僕便爲朋僮券親書記昔曾驛路曉隨三尺劍旅窓寒傍一枝燈雲山到處蛩依壓形影多年葛附藤木末水濱猶悵望可堪緪斷綵綵繩

久誦三皈賦七依郭郎捧劍肯相違清晨換水先甌孛
午夜添香伴淬妃緗帙虛帷閒共理紗籠小巷醉同歸
忍教隻影孤飛去塵滿征鞍淚滿衣

幾年同看
帝城春與爾相依共一身富貴他時惟憶汝晨昏此日
尚依人衾稠自卷孤眠夢薪水誰憐客況貧淒絕贈行
無長物腰間解取舊時巾

別路分攜更苦吟斷腸回首定難禁三年五夜騷人淚
一片千秋國士心雲水只今空獨往海山何處覓知音
牀前馬後傷心句爲爾孤吟感倍深

壽馮石潭因令子蘭洲逰歸寄之

坡公自別紗線街半生塵鞅走天涯瑞草橋邊瓜與豆
親戚情話何時諧去年我暫歸鄉縣回頭似閃雲中電
令子長安賦曰歸歸途重整荆蘭衣坐中客滿氈爐會
爲我先看舊釣磯

題蔣仲和傳箋圖

范氏有傳硯柳氏有傳書蔣君傳一箋珍重如璠璵乃
祖拙老人翰墨輿衆殊手鈔十三經獻之
天府初簪紳獲榮觀慶喜聯華裾晚乃寫此箋筆力勁
有餘藏之冢婦箱錦囊包中儲仲和方韶齡才已邁苟

謂萬卷溢几案八體工爬梳毋也撫之泣祖德不可渝
此箑勝籯金汝其終寶諸仲和長跽受喜若奇可居奔
走齊魯燕什襲載征車繪圖索題咏再拜聲淚俱繩祖
既多愧事毋亦已徂飄蕩逐京塵衆裡空踟躕何時揚
清風逸翮雲中攄老夫謂仲和子今方東隅年少謀致
身易如揮輕耡請君視此箑既叠還更舒努力念明發
瀧阡非妄譽

題乞食圖

庚市一朝能毀玉衷吾千載孰分金易京鄮塢知何限
釜庾偏傷烈士心

贈醫者

我病忽如支離疏君術妙於徐秋夫不須箴灼苦皵膚不用槲芷爲腦軀飲予一盞酒一壺蹶然而起推人扶有此弟孫兼俞跗何處戚施與籧篨自從兩脚插泥塗未能得與先剝廬左顧無翼右無胠支左詘右張空弧踔躄誰憐夔足孤逝將腰鎌歸種蔬登山且佩谿落圖超距更不鞠躬如遠尋日觀高石閭振衣千仞淩空虛兩腋習習清風俱下視朽壤與塊蘇紛紛何異蜣推車懷君笑作撮襟書書君名字雲中衢既穿盤磴登危觚足垂在外二分餘處身有若橛株拘憑陵大叫拍手呼

送丁玉華歸里即次其留别原韻二首

昏燈夜雨乍新秋明發聞君别薊州皖國雲山懷故里
廣陵花月憶前遊歸途車馬眞輕健冷宦琴書尙滯留
惜别匆匆燕市酒西風相對一搔頭

蕭蕭白髮不禁秋一錯何堪鑄六州君已穩收歧路淚
我猶狂作暮年遊書逢驛使須頻寄花發郵亭莫更留
何限緇塵京洛客幾人眞得大刀頭

送張大司成樊川先生歸里即次其留别原韻四
首

列子何須更御風故鄉邱壑即方蓬百年自得烟霞外

三樂全歸杖履中不戀鶯聲惟老柳難忘鳳德是孤桐
可知朝暮甕甌客珠桂長安未送窮
滿幅珊瑚間木難常容小子丐膏殘紅塵笑我閒中過
青眼知公冷處看未易一樽留李白最難三拜效方干
何時得傍香山社鷗鷺盟中捧敦盤
山斗榮光衆望歸何分雌伏與雄飛因緣自昔八難了
才命如公世所稀仙筆聲名原久著傳經心事肯相違
試借童子尋遊釣新婦灘前有舊磯
到家袍襖正裘綿酒對公麟畫裡泉盛事堪傳千載後
歸途真妒一鞭先蓴鱸斷岸秋風宅蓑笠寒江夜雨船

憶事懷人應有句莫辭頻寄白雲篇

得家書寄示臺駿

隔歲書初到新年涕一揮謀生知汝拙觀物悔余非對酒空長嘆看雲欲奮飛庭花休盡掃待我共春歸

題王竹所北遊日記後四首

胸中指掌有輿圖眼底山川信不虛若使九州俱歷遍定教筆禿等身書

蒲帆十幅曉風涼日日推篷紀載忙可有水濱閒野老長途觸熱笑歐陽

川涂來往十餘遍笑我勞勞似夢中悔不讀書先閉戶

烟雲過眼盡成空

長揖燕昭舊日臺扁舟已辦水雲隈可容借得此書去

展向篷窗倒看回

有感

青油幕下宣明面黃菊籬邊靖節腰燕蝠生涯原自異

人間何處不逍遙

人間何處不銷魂

青海幕下宣明面黃[illegible]

有恨

[illegible]

[illegible]

[illegible]

棕亭詩鈔卷十五

全椒　金兆燕　鍾越

辛丑三月二十八日黃仲則招集于法源寺寓餞花次韻

孤客久寄伽藍殿僧房百花看已徧忽然興盡逝將歸桑下不肯三宿戀匆匆行李駕騾綱忍使綠陰冷孤院我居巷南子巷北一春未識春風面偶爲避雨過我廬沽酒聊爲小歡讌牀牀漏幕礙客座濕雲一窩散千片促膝對酌兩三人居然自云作偉餞衡泥市脯苦未能炊黍但趁客厨便君才何富君遇慳卽此已當入珍擅

聞君歸後正新昏畫眉好捧螺子硯何異及第曳宮袍
爛醉瓊林飽芳醼人生得意須少年花魁定作羣芳先
我今垂白滯京華宦情冷落遊已倦安得同君並轡行
歸途駟馬隨徐羨詩成雨過月在天鐘聲寺裡催虬箭

方宷芝閨秀將隨宦湖南賦詩留別程魚門太史
過余齋中見其詩大爲嘉賞因囑爲其子岸之
求婚余一言而婚定因次原韻贈行兼以誌喜

九衢遍訪玉臺温選婿方知愛女恩今日良媒緣好句
老夫冰下豈能言
玉樓珠樹羨山詩阿閣鸞凰好唱隨偕老他年同徼佩

莫教東美暫相離

袁同伏勝誰傳業窮似虞卿未著書他日談詩歸里巷淸才只憶女相如

君驅金犢曉亭邊我整蒲帆趁暮潮從此吳頭兼楚尾不知誰和白雲謠

送王菊莊孝廉下第南歸次蔣淸容韻二首

車馬長安道風塵已白頭幾年空席帽今日又扁舟珥䑶三春夢蕭涼五月裘淮陰知小泊垂釣勝封侯菊莊江寧人爲淮安書院山長

一水三山路同君舊有詩曹騰來北道惆悵負東籬去

燕難成壘枯蠶豈有絲秋來紅豆熟南國定相思

杜宇

杜宇聲聲動客愁客心原未擬勾留已知去住同漂梗
肯爲行藏更倚樓千里關河雙鬢改五更風雨百花休
殷勤莫向枝頭喚明日春帆便買舟

題閨秀鮑季姒北征草

肯將弱蔓附柔枝健筆淩空浩氣隨續史定堪兄並駕
論詩惟以父爲師家居本得江山助客路彌增綵藻奇
不讀令暉新句好那知才子在蛾眉

壽張過王彥章故里

寒流汶泗浩湯湯獨客輕帆過壽張曠代名存皮有毛
高原寺古鐵留鎗千秋事業同朝露一笏山河半夕陽
莫向園亭嗔綠拗管城坏土野苔荒

贈袁鯉泉明府

征衫幾載感蹉跎塵土光陰夢裡過歸雁偶隨晴旭到
寒梅先受早春多飽看客路千帆影乍聽鄉音五袴歌
從此敝廬堪遣興好偕耕牧答陽和

汪存南中翰偕其內子芝田讀方采芝閨秀與余
唱和之作各次其韻示余輒復繼組兼寄采芝
四首

名流相愛勝邢温閨閣偏多知己恩共展華箋珍重意
簾前鸚鵡定能言

三千里外兩家詩忽作雲龍處處隨好付裝池成小軸
教他琬璧不相離

女嬃砧畔應懷舊柳毅祠前好寄書爲寫烏絲付賓鴈
衡陽紙價定何如時采芝隨宦湖南

望京依斗路非遥旌栧春來便趁潮裙幄他時聯綵伴
長安應更播新謠

令子上章亦次前韻枉贈因再叠韻奉訓四首

浮毬破甕潞兼温

賜衮他年早拜

恩此日蘭成初射策爭看下筆已千言

家事知君止有詩九皐鳴和好相隨鳳毛池上傳佳話

追步鑾坡未肯離

紫羅囊已供君珮白練裙應許我書快向東隣識騏驥

金臺萬匹有誰如

文瀾高濶壯觀遙八駭韓蘇似海潮卻笑老夫枯澁甚

但隨擊壤作村謠

重到揚州示舊時諸友

我本高陽舊酒徒白頭空自爲書劬濫竽曾憶遊齊市

退鷁還教返宋都殘啄誰分紅豆粒酣吟且共紫薇壺
昔年儔侶今猶在張丈殷兄更一呼

飲紫玲瓏館後移宿小酉藏書別館

東家食罷西家宿我生快意此其獨朗月隨人直過街
繁花對我高連屋插架牙籤擁百城匡床棐几一簾清
便思假館常爲客滌硯鈔書過此生

曉起

客床無久夢起坐聽鳴禽靜領曉春氣暗傷垂老心江
雲開遠岫海日照高林小適諧吾願驅車一散襟

三鳳緣傳奇題詞十首

醯摩天上最情多尺水能生古井波異代合成三婦豔
不須皺面更觀河

漫道珠宮不染塵偶然會合也前因賺他洗馬言愁後
又作人間最幻身

柳色章臺大道旁深閨何事鬬眉長不緣妒絶還癡絶
早向華筵共捧觴

高風林下自寥寥媒鴆如何欲强邀小試鴛鴦顛倒手
居然霧市有張超

隔幕聯吟意已通伯勞飛燕忽西東正看射雀來屏外
誰信拈花向鏡中

纔投麗句便寒盟不料書生太薄情歸趙忽還篇裡玉
渡河空泣夢中瓊
登天捉月已無階更駿零丁帖滿街自怨佳人眞薄命
六張五角事全乖
刁斗聲中卸錦裙却將雲雨洗邊氛健兒百萬皆貔虎
八幕郗生也冠軍
篋裡瑤篇定尚存故人相見復何言戈鋋隊隊齊歌凱
玉面登壇總斷魂
三珠樹上好棲鸞梅子同心尚帶酸悟得前生思往事
定教凄感入餘歡

題申改亭出蜀集後

巴峽連巫峽猿聲不可聞三年孤宦客萬里故山雲倦目看飛鳥歸心入暮聽荆門回首處絲管憶紛紛

以詩代書示璡

汝父來揚州與我同作客小樓對遙山堪與數晨夕家中薪米事汝須自練習晚歸自學舍燈下毋怠斁明年採泮芹勇先躍三百便爲汝娶婦三代慶儔匹一硯便汝傳守此慎勿失

方竹樓寓小山上人丈室以詩見示次韻答之

聊向荒園伴柳眠消磨風雪歲寒天淵明未免瓶無粟

夷甫安能口不錢垂暮襟懷同槁木故交情味勝香荃
鬢絲禪榻相看處一縷茶烟共惘然

壽管平原七十

昔年襆被來揚州吹簫同上文選樓我作狂歌君作畫
秋江擁棹相覓猶沈牧之琴焦紀酒（謂沈江門焦五斗）與酣往
往輕公侯我年五十始薄宦十載飽噉揚州飯君亦移
家與我隣隔街慣作往來伴廣文官舍無來賓病妻一
臥常經旬仗君倉扁挾異術每從肘後生陽春前年別
君忽向北今年仍作揚州客一觴壽君君勿揮花前賴
對頭俱白荷花萬柄滿芳洲七十老翁何所求且將百

幅鷺溪絹畫寫名山作卧遊

除夕和金香署韻

入山久欲效陽城猶向天涯作過更六枳籬邊身暫寄九英花下眼逾明易消我已慚春雪未昃君須愛午晴客裡椒盤同一醉可堪俱抱故鄉情

壬寅元日康山分韻得東字

去年朝退日華東仙仗同看曙色紅獨客又逢新歲至一樽聊與故人同飄零白髮江關外層叠青山曉閣中睿藻貞珉巍煥處幾回瞻就傍離宫

元日作二首

棄官仍浪迹休老知何年中夜不能寐照影燈空然蕭騷松竹下寄茲屋數椽所託非吾廬眠食只自憐歲月旣已逝聲名何足傳矯首瞻斗杓衆星如列錢

騁懷多壯年樂志宜晚歲楊舟泛中流隨處皆可繫寓廬頗靜便客至惟談藝旣不挂朝紳復免擁征袂暖招春風來寒送冬日逝名園曲徑幽深巷小門閉燕居度三朝尚論堪百世

竹溪和尚齋中看梅步韻

香生骨裡慧生牙合住孤山處士家自是詩人饒淨業

不須天女散空花一聲清磬穿林外幾縷輕雲傍水涯
更待高樓明月上疎枝冷處對丹霞

咏草蟲燈次韻

風度翩翩逐隊輕華堂深處最分明微軀未免因人熱
野態難教振羽鳴熠燿偶留花外影迷離應似畫中情
鬧蛾時節年光好莫憶凉宵歎息聲

贈應叔雅人綫表滕以詩

盲者得鏡僅蓋巵聾者得婦但爲炊佳人烈士不可見
紅粉寶劍安所施我有人綫表到手不敢披平生未解
幾何學對此如捫没字碑吳杉亭戴東原已死盛秦川遠客獨

抱此冊將貽誰叔雅先生精西術渾天周髀算無遺胸羅列宿二十八鮮于安人未足奇勿庵梅氏書滿架斯卷堪與籌同持涓流入海塵足嶽庶同餘閏添零畸

寒食日見燕

辛夷花老杏花殘一剪驚心掠畫欄熟食又逢佳節至舊巢猶戀粢粱寬江南景物三春老海上風烟萬里寒知爾處堂原不易夕陽影裏幾回看

贈葛步雲

舊地重爲客樽前且盡歡津粱吾已倦歲月子休寬迹倘同蝸寄名須整鳳翰試看荀令則三十早登壇

題馬堯峯小照

綠暗紅稀春欲去扁舟一棹留春住柳自搖晴花自飛

武陵不遣漁郎渡知君應惜少年時書卷隨身任所之

端居莫謂無舟楫已有高艑在水湄

月下看玉蘭

花光翕習露光濃樹在樓西月在東似以鷺縗醉山簡

更將鶴氅迓王恭靜含夜氣鋪眞色淸帶幽輝點太空

同把襴衫拋白苧一齊飛入廣寒宮

朱立堂齋中廣南小雞分韻得陽字

小影穿籬本易藏依人聊復立斜陽花間彩羽來新伴

夢裡紅棉是故鄉豈以長鳴悲失旦肯偕倒挂妾收香
無多飲啄山梁好歌舞休懷萬仞岡

飲小山上人庵中

三匝經堂記昔曾打包又作啞羊僧近因病嗽聲瘖十年舊夢
心情減一枕新秋肺病增指月乍憐清似水看雲自笑
冷于冰蓮花火宅爲生活敢厭摩訶熱焰騰

餞花詞同秦石翁作

花開爭來看花落誰復顧只有惜花人徘徊不能去前
日湖上春風顛滚滚穠雪撒滿天一夜天桃盡萎敗枝
上衰紅眞可憐斜日穿雲映山郭肩輿急赴看花約主

入招客出林呼稚子聞聲隔牆諾今日來遊本爲花誰知花已委泥沙惜花共賦傷心句舉杯相對同咨嗟獨有石翁心似石笑我對花空嘆息搖毫翻作餞花詞不許牛山淚輕擲此語諸公須細尋餞花仍是惜花心離亭忍淚一揮手腸斷陽關已不禁

並頭芍藥次韻四首

一幹雙花素豔新生綃淡染得天真清姿絕世誰堪比只有車中兩璧人

玉翦穿簾上下飛妒他清夢貼重幃同心挽得東風住着意留春不放歸

錦棚雕檻護春晴濃露天邊別有情偏向將離成巧合
一般金帶兩圍明
鏡裡差肩倚翠翹陸家東美愛春宵可知小草天涯路
顧影風前只獨搖

口號二絕句

牡丹熅火只浮榮芍藥沿街價亦輕流去山桃流去杏
東西溝水太無情
堂燕辭巢不再來山雞對鏡且徘徊禰衡鸚鵡劉琦鶴
千古風流兩賦才

贈陳又羣

眞州曾憶識君初轉燭光陰廿載餘標令又驚看洗馬
脂膏猶未潤君魚一燈旅夢縈禪榻三月春光冷故廬
我亦蒯緱頻作客羨君歸教慧龍書

寄璡三首

喜汝病全愈讀書過歲寒驚心秋月夜淸醮臥雷壇

講習求爲有用潤身不在浮榮堪笑杜家小草年年只
兆科名

玲瓏山館坐松根汝父相依共一樽鏡聽昨宵傳好語
明年定喜見曾孫

吳味辛以畫松祝雪菴上人壽屬題

空山老樹不言壽但覺乾坤長不朽人世繁華淘洗盡方知歲月爲吾有老僧對松山之顛問年不知誰後先麥城衣石誰復計歷千萬劫終蒼然畫師久識真如諦頗見此松有僧意爲僧寫照即是松不將僧向松間置

李晴山移居

飯甑書囊載滿車鹿門龐老又移家換巢君似將雛鳳失酒吾慚畫足蛇梅徑不嫌人立雪杏壇應許客尋花倘留餘地爲甥館喚取童孫作寄蝸璡孫其子婿也

寄祝袁鯉泉明府三首

全椒山中雲化作淮南雨膏腴本寬鄉磽壤皆樂土我

公善爲政似召亦似杜乃知大賢才程功非小補
三年宦遊人飢索長安米兩鬢白如雪抽簪始歸里聽
公弦中歌飲公杯中醴躋堂介公壽三異爲公紀
我本澹蕩人乘興隨所適不作揚州官仍作揚州客何
日歸山中荆薪煮白石寄詩更祝公懷探比干策

贈郭東表

少年事筆研經史爲饍饈中年飽經術談笑輕諸侯瞪
目營四海舉足徧九州歸來對孺人白髮已盈頭偕老
葛與鮑勿更汗漫遊

牛揮雲太守屬題鞭香花澗雨衣潤石牀雲畫扇

因卽以十字為韻成絕句十首

石上露猶濕林中花未開愛閒偏早起凌曉曳青鞵

密樹夾青閣疎簾綠野堂萬花深處坐翰墨有餘香

遙磴雙峯出飛泉一道斜不知深澗底幽草自生花

獨坐倚雲根永日無人見萬籟寂不聞時有鳥鳴澗

盡日無人來幽懷孰與語但聞高嶺松疑是前峯雨

山腰留宿靄山頂見朝暉雲氣常侵袂苔痕欲上衣

千巖萬壑中樵徑無人問洞中泉自流沙上跡常潤

峩峩千丈松蔭此一片石石上結跏趺雙清見心跡

因樹堪為屋眠雲便作床空山無俗夢心地自清涼

兩崖俱屹屹一水自沄沄寫照何人筆置君松與雲

小鳥行

琅玕花樹嬌青春鸞鳳戢翼雙蛾嚬女牀啄菢鷇音出藍田日暖飛輕雲瓊林瑞草棲平雨彩羽未乾先學舞大鷲高翔少鷲隨軒轅臺璜黃金縷籠禽檐雀相看悉五色欲借冰蠶絲飛來阿閣應無數將向丹山好護持偶仙木羽呼烟客笑聽歸昌情脉脉百囀聲同老鳳清千年頭共鴛鴦白

湖上泛舟即事次韻

蜀岡連延如紀堂江流淮流縈大荒伊婁古埭足環抱

崖巒向背分陰陽　南兖山川尙如昨　海西風景日横擴

古洞何人到玉勾　高樓幾處牽珠絡　野塘螢火自熒熒

夜市柝聲還閣閣　空留春沼㿉芹芽　賸有山花開枳殼

我昔髫年初到日　舟向蓮花埂旁泊　驅馬登高問谷林

歐陽遺踪窮探索　三十年來景屢變　開疏流水日式廓

直排舳艫繞山根　亭臺高下紛丹堊　疑從海上問三山

盍肯葦間專一壑　羣芳叠叠樹層層　似印纍纍綬若若

半生遊覽老且衰　笑我行踪彌落度　金帶千圍芍藥叢

玉峯幾處芙蓉崿　朝出爭看海旭升　暝歸慣至林蟾落

任他滿座笑詩癲　不厭連朝淹酒惡　萬事眞成折脚鐺

兩手甘爲無底槖年來漂泊東復西枯楊誰爲回春姿
每向歌船聞玉笛尙揎舞袖傾金巵今日顛風太侮客
孟婆急召封家姨小水亦能作巨浪竹篙强劃元與之
因思少陵渼陂上非關岑參眞好奇五角六張吾輩事
自然所遇皆非時舍舟陟巘極遠眺寒雲淰淰波瀰瀰
不暇更尋竹外寺但喜暫憩波間渻風裡桃花紅簇簇
艤舟欲借花爲屋遥山已失隔江青新釀且浮甕杯綠
莫言興盡便遄歸更向花間恣遐矚人外猶堪作冷遊
世間何處非奇福春服冬裘在片時人生枯菀總如斯
莫謂韶光正暄燠一彈指頃有寒威

謝友人遺贈

硯畯今朝大有年無勞去索作碑錢非同鶴料支憑牒
不似雞林換計篇百鎰兼金寍易受一丸大藥便堪仙
傾囊敢任劉乂攫曾費連宵燭數椽

贈程素園完姻素園善弈

弈思秋儲競巧難少年名已著長安宣城守自枰中得
京兆眉從鏡裏看珂里春光迎徽佩珠幃淑氣勝椒蘭
兩帀敵手休爭劫東美雙肩玉一團

蝶腊

芳心已付同功繭瘦影猶爲戢翼鴛紙上空留難了夢

花間應有未招魂誰從此日收香蜆定向他生種豔根
寄語魏郎年少伴好將金粉認殘痕

贈琵琶伶工

曹鋼之手何激越一片寒雲叫蒼鶻雨聲纔歇竹聲清
廣堂忽聽邊聲發啁啾碎響高入天風毛雨血屯秋烟
平原蕭瑟居延塞野色蒼茫勅勒川燈紅酒釅名園裏
城上更深客未起觸迕平生見獵心頓教悔弄毛錐子
君不見對山當日文章豪千秋意氣紫檀槽樽前似與
精靈出五月江城霜月高

汪斗張齋中看菊

衰年歲月肯愒玩把酒亟醉東籬畔主人推花滿中庭
虛檐捲起護花幔狂客高談驚四筵酒至不須分聖賢
花夾兩旁人列坐如排舳艫相接連老夫對花心已醉
金谷乍逢石家季況有才子揮彩毫悄悄俊雅端相侍
文字之飲穆如風分曹射覆燈光中竹西歌吹何爲者
令人悔倚商玲瓏

送吳淡止歸里應省試用東坡送鄭戶曹韻

昔君遊秦中高歌凌虛臺張衡抱四愁曹植哀七哀一
鞭歸舊廬萬事心已灰竭來羅綺鄉隻影臨清淮聽簫
廿四橋明月空徘徊隋堤風中螢燕城雨後苔懷古意

不愜命棹復言回高躅慕張邴清談脅宗雷知君卧蓬
窗懷抱何由開窮途無偉餞狂倡且深杯請勿向離亭
淚下如瓊瑰人生多會合此願豈長乖乘風好遄歸衡
雪應復來衣狗看浮雲於我何有哉

秋郊試馬次汪茉谷韻三首

紅樹林邊乍整鞍不須重戴認潘安城闉偶試驊騮足
賺得村童盡出看

初日穿林自玩鞭長楸深處更盤旋爲貪山色朝來好
故勒絲繮不肯前

棱棱霜畦宿霧明平原一望愜閒情據鞍也似新詩穩

步驟人看最老成

贈徐鳴和移寓

幾年緇素染京塵又作揚州跨鶴人芳草晴川鄉夢遠玉簫明月酒痕新居雖近市仍謀野宅爲依山始卜隣我亦萍踪無住着不辭扶醉往來頻

贈鄭嵩年

幾載不見君正欲訪君耗扁舟江上來執手忽一笑我爲泥中絮君爲波上萍幼客走天涯何處託平生蒼松翠竹間留君且結夏撫今心已傷談往淚一灑努力愛景光秋風葉漸下

贈朱二亭

去年六月長安客空齋坐雨正蕭瑟忽憶芒屩朱居士
碧筩消夏荷香陌中夜浩然起長嘆何不歸去共永夕
今年六月苦炎蒸朝來怕見火雲升科頭箕踞笑相對
強我束帶眞不能從此閉門惟却掃日日高歌對蒼篠
百年三萬六千場纔過一半未爲老

羅兩峯以其子繼兄後爲之娶婦

笑看新婦入青廬振觸君懷轉一吁㲉似本緣兄及弟
嶽音空擬姪從姑關山幾載頻孤嘯骨肉今年始大酺
一盞酌君君且醉故鄉我亦曠屠蘇兩峯妻方氏愛其姪聘爲子婦于歸

之日兩峯已鼓盆五載

吳並山四十時余誤以五十祝之今已十載置酒於竹溪僧舍再作此篇

君年四十時作詩爲君祝誤稱年五十大衍引易卜讀者皆盧胡何異書舉燭轉眼便十載流光何迅速自君主講席如驂不離服君列高才生我領厮養卒食計指盈千期必會以六前年別君去珠桂依輦轂今年翻然來更向揚州宿一觴奉君前清冬氣始肅僧院三五八開樽對殘菊聊借安樂窩共分淸淨福舊詩渾已忘陳言不堪續敢云書紀年竊效籌添屋

次朱立堂韻題爲他人作嫁衣裳卷子

命以慧斯窮名至苦乃立織綃有泉先吞箴見羅什委聘璧千雙歸裝儀九十羅綺富曳婁剪刀閒鉒澀隣舍貧家女升斗不易給空堂對衰燈妙手爲組緝寒風穿戶牖單衣尚未襲鷄鳴坐夜分日出誤晨汲一心爲化裁衆神自伏習悴容黯自傷青春嗟何及窗外竹影搖砌下蛩聲急朱門姬與姜褥飾炫出入鸞鳳繞腰身笙歌喧內集那知箴綫箱淚漬秋鉛濕

趙甌北驚見白鬚作詩屬和

面緣白而姸鬚以黑爲美黠皙愛憎何定評吳宮更有

大帝紫髯堪稱佛白亦靈緣坡之竹安得長青青由衰
得白白得老髭聖亦須隨化過此生請君莫漫嗟衰朽
曾向杏花呈面首卽今園綺老商顔那有羣姬唾面走
我無側室堪媚兹繞涿不愛黑山團君不見王彪之

次韻吳暮橋除夜惠照寺守歲同誦若上人談禪

我心非昭亦非昏但覺世間無我身熱天任布檮燭焰
掩地誰見飈車輪苦海何日得抵岸愛河到處皆迷津
今夕何夕歲已盡匆匆擾擾安足論與君且拈第一義
從此便入不二門自古四流在四大同此六慾纏六根
守宗不離戒定慧得果乃超人鬼神羨君入事盡屛絕

靜聽仙梵來花宮依黃庭經叶讀打灰不作如願想懷鏡不聽無稽言飽餐分得芋半顆高臥脫却衫七斤世網全拋眼中幻衣珠繫護身內眞自非學道探其源誰能今夜無紛紜冷參柏子定已透笑向梅花更幾巡自有茗柯足禪味何須竹葉傾家尊筮易已得雲雷屯觀星恰值亥子分了空頓見心郎佛來復漸數日為人新歲又開後一局往事何異前世因請看佛日照西閣開殿滿目皆陽春

椶亭詩鈔卷十六

全椒　金兆燕　鍾越

癸卯元日述懷次朱立堂韻

蓬轉萍漂磨蟻旋紛紛過眼總成烟人驚健步誇腰脚天與閒身閱歲年故里雲山雙眼外他鄉燈火一樽前春來誰伴蘅門嘯壁上枯桐尚有絃

門神和秦西巖韻四首

一年一度一更新面目何堪憶舊春自昔司門原似鬼由來當户便能神酡顏欲傲鬼𣪊我冷面應嫌剝啄賓債主鴈行君莫問舉杯且共歲盤辛

在側居然作二豪條冰銜定笑官曹休嗔袁宅蕭條久
終有于門位置高瞋目幾曾投謁易並肩未免曳裾勞
深宵好學巔當守隣壁餘光已盡韜

一丞一尉總微名豈有奇才壓衆英自以冠裳誇濟楚
那知歲序又崢嶸終朝並立如蛩蟨一夕分張感弟兄
曾憶出門回首處滿檐紅日曉光橫

睢盱氣象勢飛騫傍得朱門便有權自說共迎新令尹
可能常作老神仙乍臨寒士東西屋似列名王左右賢
大絝短衣成慶畫深宮半面記前緣余擢京職引　見正值臘月是時宮門皆挂門神

管松崖以次韻張松坪探梅歌見示並邀同作

昏眵老眼迷蔚藍蟄蟄終日棲愁潭松朮未得飽宗測蘭菊安能娛羅含逆風甘作退飛鷁饔飱忽見同功蠶斂手壁上觀衆戰佚焉遏地神先酣客子亦思賣春困梅花嶺上容孤探俊賞空懷晏元獻瞌睡難醒陳圖南賈胡異寶駭疊拾病僧禪味欣連參（昨讀松坪原唱）句中香氣入肺腑朗吟不寐森燈龕西湖舊日我曾到段橋雪後尋烟嵐幾年亭畔看放鶴時時夢裡猶擕柑自我不見三十載刈著那得輕忘簪何遜老滯揚州客慣聽歌吹非所耽獨喜置身小香雪對茲玉骨猶無慚倚石愛選

皺瘦漏省心痛滌癡嗔貪强韻不辭蝂屢負寃言聊作
雞空談酸心獨抱香骨冷醜枝難使孱魂諳吟肩寒薄
老梅立樹猶如此人何堪櫻胡丹白漸滿眼何限柰二
兼桃三

暮

庭深天易暮高閣尚殘陽遠樹烟中失濃花雨後香鄭
難思故里逼迫住他鄉鏡裏窺雙鬢朝來已點霜

送周琴川北上

前年沽酒金臺下堀堁塵中策歸馬去年清醮雷壇前
步虛聲裡同秋眠今年纔過張燈節玉梅花下又相別

一帆春雨會通河兩岸綠楊青可攬知君求仕本爲貧
回首高堂白髮新莫言檄下催毛義還看花開擁郄詵

送管松崖漕使同年入都二首

輓鉅如登鴈齒階齋心早爲靜風霾身關國計周諮切
地近家山小住佳歌頌三春聯楚越舳艫千里控江淮
東南民力勞
宸慮好對皇華賦每懷
月燈毬映紫雲階曾共吟鑣夜碾霾歲序催人難却老
溪山容我且言佳苔岑至竟分同異風雨何堪又別淮
幾日禱帷還暫駐新苗老葉感離懷

集飲筦蠡臼廣文署齋次朱立堂韻

桐花滿院棲階令花裏尋師盆堪請談經客到簞初陳索酒人來敍未整高粘拓本三尺長字畫糢糊墨瀋香摩挲片紙幻如夢究精六體愧未嘗羣彥愔愔還踖踖問奇函丈屨前席弟子爭看漢隷碑老夫且嗜秦人炙日影初移筵早開主人起立勸深杯共樂尊前文字飲不須帳後管絃催酒國何殊市一鬨暮歸朝往吾隨衆此地歡遊二十年白頭已被雙丸送我本嶔嵜歷落人會賦蕪城傍古闉共折今花看昔樹何堪舊渡問前津鷗潛深港鴻遵渚轉眼流光易寒暑雖黍還教有范張

文章莫更誇燕許廣堂客散日馬中醉眼曠職任醉翁
天涯同是飄零客肯負詩筒與酒筒

管埜曰署江都學篆得替後以詩留別諸同人次
韻送別六首

賓齋南面擁書城偏有瓜期似踐更燕逐春風難戀暮
鷗浮曉露尚尋盟起衰八代文眞古鍊就三都賦豈傖
偉業自堪膺大用會看鳧舄共朝正
諸子紛紛爲訂訛獨將心性辨卿軻懸來鞀鐸歸陶冶
補就陔華足嘯歌到處栽培皆有地幾年安樂尚無窠
知君不負平生志社牧尋春奈老何

莫嘆萊蕪甑有塵階花庭樹總宜人幾番前度添離思
似爲來生結淨因弄月吟風皆是學梳頭掃地豈關貧
詩篇酬贈朋箋滿好句人人羨李頻
桃李頻年只種歡成陰未綠已相乖好花慣憶談經地
明月空懸治事齋螢案似留宵燭在蜂房猶作早衙排
他年麾蓋重來日風雨何堪問別淮
晨夕過從已判年江頭還送米家船香名淮海行踪徧
偉餞生徒禮貌虔別浦波明寒食節離亭人散夕陽天
移情欲共成連去更向雲山一撫絃
天涯我亦任東西休向尊前悵解攜已自隙中窺野馬

誰能甕裡聚醯雞松間未許常相照李下還應別有蹊
鵬翮逍遥緣屢徙肯同鵾宿與鳩棲

方朵芝閨秀以花朝日西湖看桃花詩寄示步韻
却寄兼呈藕堂程葯泉二首

印牀琴薦逍遥地不櫛書生翰墨中白莧紫茄隨蔡約（謂其尊人藕堂）扶桑暘谷儷王融（謂其郎君程葯泉）糚樓曉對裏湖碧吟幕春寒初日紅峯似飛來花似繡屯霞鎖霧畫橋東

會憶西溪更向西偏提滿眼酒頻攜過殘冬日還春日行過蘇堤又白堤瑪瑙尚存前代寺琅玕應續舊人題錢塘潮落春何處莫聽孤山遶樹鸝

寄贈李澧亭雙壽 澧亭和州人時任休寧學博

峩峩落石臺瀰瀰下汶溪少年遊釣處夙昔夢見之廣文官署百弓地東偏隣比大小寺我昔趨庭撰杖餘毘盧閣上頻遊戲謫仙今日到新安葛鮑高風萬目看開堂白嶽雲峰峙洗硯漸江石瀨寒與君相去百里近聞聲相思空慕藺作詩遥頌寄官齋百感紛來掩雙鬢

題羅華巖廣文聽松圖

我昔扁舟入秋浦九子峯前青可數舉杯對月憶青蓮千載風流誰繼武華巖先生今君章江表名譽姓字香經濟已儲理縣譜文教先登作者堂全椒山中風雨夕

門前弟子鴈行立三三冷翠夢中來雲毋書燈草蟲急
畫師爲作聽松圖松下謖謖淸風俱冷官坐對蒼官靜
學肆疑連雲肆虛我亦天涯未歸客故園苔裏龍鱗坼
何日科頭坐翠帷四株更補茹堂側

次韻題吳淞止觀日出圖四首

沆瀣淸霄欲作霜乍看隱現海茫茫遥天尚未蒸尋燭
積水俄驚吐半璋濁夢萬家酣北里靈胎一點注東方
層臺高處披衣立自捧葵心獨向陽
湧出層淵萬丈深春風潭下有龍吟寒光閃閃千峰曉
靜夜愔愔衆籟喑候曉客應看屋角趨朝人定識班心

銅鉦一片無纖翳不似陳編有蠹蟫

衆翮深林偃故栖夢回猶戀一枝低何人得似翔風鴿
萬事都爲失旦雞難與映檐邀白醉已堪持鑑照元妻
消盤素體矜初浴杜宇休爲徹夜啼

東絹初裁一匹寬寄情翰墨有餘歡精神對我千年健
胸次知君萬象蟠員嶠無人同一歗鄧林有路只長歎
桃都山下晨曦遠盼到滄涼目已酸

次韻送吳淞止歸漢上四首

鶯交曾憶有聲喧老瘁還勞更注存不以親疎殊遠近
應教鄙薄盡寬敦對衡似儆東西屋下筆驚逢左右原

纔得把君詩過日蕭齋頓覺鼎彝尊
將離時節對文無競渡年光感左徒我自交遊聯管鮑
人偏門戸重崔盧晶瑩日腳江千麗層疊雲鱗海甸鋪
客裡往來成二老不嫌屐齒破青膚
黃鶴樓頭玉吹圓知君流寓已多年扣門未免辭偏拙
逢麴安能口不涎小海唱成千古調大堤曲定萬人傳
揚葩應節男兒事試向江頭看紫蚿石蚿亦名紫蚿
離亭相送水雲涯爲泥飛卿手更叉客路慣愁囊又罄
老年只勸飯頻加求珠好覓藏胎蚌飲酒休爲畫足蛇
明發一帆江漢去秋濤寒湧釣星槎

金閶曲贈楊郎

楊郎家住金閶門金閶絲管何紛紛山塘七里柳陰下
孌童崽子如朝雲楊郎生小顏琢玉道旁行人看不足
總角梳頭到學堂不讀詩書惟讀曲院本三年絕技成
聲似春林百囀鶯爺娘驚喜鄉里賀豈宜塵土埋仙瓊
揚州夜市人如蟻選艷徵歌鬬奢綺一朵瑤花下玉京
千枝芍藥含羞死豐貂綵段歸裝新十萬腰纏耀比隣
但解當場粉搓面便堪隨處金繞身金閶自古佳麗地
今日楊郎尤絕世隣巷書生昨夜歸蕭條烟火門長閉

四時歌四首

閨中

春眉學山碧夏甲染花紅秋院羅裳薄冬釭繡帳重

塞上

春雨草未青夏日山盡赤秋霜便擁貂冬雪全埋磧

佛寺

春花枯後笑夏雷定不聞秋塔掃黃葉冬關閉白雲

倡樓

春遊風颺花夏澡潭浸玉秋枕翠筠京冬衾紅淚濕

秋夜思歸

孤館寒燈照鬢霜獨尋歸夢自徬徨戀縧難側飢鷹翅

處溷羞拖黠鼠腸人抱秋心增感慨天留衰骨到蕭涼
此生何處行胸臆惟向齋前種白楊

送吳山尊歸里

涼風蕭蕭吹四壁冷露無聲階草碧江關客子動歸心
一棹衝烟趁秋汐與君明月共揚州君已遄歸我尚留
鵑啼鷓鴣叫偶然事入耳偏能分餉愁君今三十未得志
仰首嘆天還蹋地不見江湖白髮翁齒牙落盡猶蝸寄

贈余伯扶兼悼少雲

文人困九命自古增悲歔爾弟已不祿齎志塡溝渠爾
身猶棲屑不得守鄉閭老母與新婦束腹同向隅驅爾

復出門茫茫安所如愧我窮老骨寄食他人廬欲爲將
伯助此言眞虛車秋風廣陵城分手飄涼裾歸告爾弟
靈因夢尚就予

甲子闈中往字號題壁癸卯秋試門人史望之見
而錄歸盖已四十年矣

旌門豪筆氣昂藏魚貫趨風白苧涼三策經綸舒壯志
六朝烟雨點秋光棘圍鎖院人如海花發瑶臺月有香
矯首桂宮霄漢近緐星作作煥天章

秋日歸里即復出門留別封薇垣

前年握别鳳城邊分手相看共惘然休老我猶棲異縣

銜哀君已鼓祥絃㣲廬未對宵窻燭征馬旋衝曉戍烟

何日耦耕歸故里同驅黃犢聽山泉

次曹忍菴韻贈種菊葉梅夫

世上何人愛隱逸君章靖節去已久青州跛子慕榮利

芒鞵慣向洛陽走豈知眞色在城外吳宮佳麗出畎畝

我昨挂冠歸故山曲柄笠子復在首揚州花月尋舊境

乍於僻地遘奇友荒郊老圃已蕪穢忽現妙相靡不有

或如淡粉勻笑靨或似濃朱塗俊口紫綬一一繞腰身

黃金纍纍懸臂肘乃知世人重富貴無異空堂逐[illegible]

對花痛飲賦麗句只有曹公才八斗老夫鈍拙强捉筆

間娵定笑雕簾醜醉後詩成天欲暮寒烟漠漠籠高柳

法淨寺三層樓上望福緣菴失火

陰月久不雨歊氣鬱四塞出郊滌煩囂泛舟蕩胸臆沿緣至崇岡策杖謀登陟寺門敞松陰腰脚藉憩息遥瞻萬點青忽裊一綫黑急上三層樓墟落難辨識不聞聲喧豗但驚勢燄劣蒸薄初蘊崇傑構忽墉嘔高騰丹霞輝遠迷碧嶂色倚闌共嘆詫何處遭此忒下山聞塗說城南官河側福緣萬佛樓一炬但頃刻我時正開船對案不能食初地昔曾遊梵宇頗靜侐方丈粲可流布薩亦甚力胡爲干天威炎烈及淨域神未降藻廉告豈逢

移節次升光音天理昧毗騫國一巽仗何人布此八功德

老人岡　六合縣南鄉地名老幼岡土人呼爲老人岡

少年攬轡慣尋芳曾向蝸廬寄短牀今日扶笻重到此衰顏慚對老人岡

曉行

睡眼糢糊更眯塵雙拋老淚洒車茵天留破鏡懸孤照人似勞薪剩隻輪閃影東西驚落葉翔空上下見飛燐冥茫泉路應相似誰爲扶攜病後身

小橋旅店二首

古戍荒郵鎖暮烟停車又到小橋邊天憐苦旅晴兼暖
人抱哀悰往復還歸鳥投林猶有伴寒魚入夜定無眠
聞雞戒旦符簷下舊事經心十六年
垂老依人骨肉輕病中分手最傷情蹇連詎意空來往
契濶何堪判死生顧影自嫌身是贅舉杯但有淚同傾
頻年作達天涯慣未免今宵夢不成

冬日歸里晤朱筠湄賦贈

秦淮水閣話秋烟分手俄驚又五年故里相逢翻似客
良朋小聚便如仙霜風旅鴈無停翮冰壑鰥魚最不眠
余與筠湄先後悼亡何日與君同誓墓草廬堅卧白雲邊

墓成

室內人何處山中墓已成幽房留半穴短策拜孤塋他
日同長卧來朝又遠征飢驅因渴葬回首淚雙傾

甲辰元旦和唐鵠舉韻二首

殘歲纔從故里還新年空愴客中顏頻尋歐椰沿芳徑
苦憶逋梅瘞冷山心似爐灰難再熱身如檐鐵幾時閒
管寍早帽無相識宴起今朝且閉關
窗外朝暉到研南蜜梅點點正堪簪老來興倘因花發
春到人應對酒酣孤館有誰同嘯傲曉鐘曾記與
朝參百年縱許盈籌算也止零星三十三

次趙雲松觀察韻寄蔣清容太史二首

老去甘爲爨下材人間難賣是癡獃穆生豈意匆匆去
王式眞成貿貿來出處世情分土炭升沈俗眼判岑苔
芥舟同有江湖興只欠坳堂水一杯

才似張華腹似邊心燈一點竟空然天談鄒衍誰緘口
人對淇崖但拍肩他日記會隨虎拜此生應不受夔憐
何時更向揚州路一勺同斟第五泉

李星渠侍御再巡南漕使還送之四首

伊婁古埭繞淸波兩度襜帷駐漕河騶騎往來賓館熟
節旄前後

主恩多榜人驚捧新郵帖津吏爭傳舊櫂歌笑看揚州

羇客在鬢霜添入醉顏酡

租船銜尾泝春濤直北榮光迓

翠旄

天子勤民周海甸使臣奏績傍江皐

帷宮夕拜霑三接藻鑾朝驅冠六曹 興頌

親詢知靡監姓名先記

御屏高

看花幾載

禁城邊聯袂屏風快比肩無限交遊來假日有情朋輩

是同年栢臺霜下尊朱博槐市塵中老鄭虔今日苔岑
非隔面不堪重憶大羅天

廿四橋頭戀夕曛玉簫聲裡手輕分闌風伏雨還留我
老葉新苗又送君猿已投林難嘯侶鴻當遵渚定思羣
相思此後應千里莫惜郇公五朶雲

同吳暮橋湖上醉歸

晚烟漠漠林中生藕花香裏風日清小舟棹入柳陰岸
琵琶一曲飛空明海青一聲邊關去一片天鵞叫寒露
却教指下塞垣秋分與江南冷鷗鷺夕陽西下簫鼓稀
濕螢點點船頭飛晚糚人倚赤欄立凉颸吹入雙珥璣

晶簾乍捲垂纖首小影娉婷映疎柳耳畔哀絃動素心
波底魚龍紛蚴蟉繁聲撚攏殢人嬌一輪孤月明清宵
可惜歌闌遽分手紗籠催轉香中橋莫怪老顛風景裂
此樂明朝安可詰萬頃烟波客夢涼曉風無際真清絕

游孝女賣卜養親歌 名文元揚州江都人

閨中女兒抱一經吉凶禨祥無遁形陰陽鬼神感至性
羲文周孔亦效靈春風新柳紅橋側袿薹薹冊紛如織
岸傍有女侍衰翁獨將筆硯營蓍策行人問女何所爲
女言親老養無資市中百錢未易得堂上雙親長苦飢
我聞此語增怏悵弱女乃能潔白養孤城鄭媪飽家姑

相術醫方不足尚揚州習俗本華妍五烈雙忠亦後先
乾坤正氣必有在一人自足鍾其全

潘雅堂見游孝女賣卜養親歌作詩題後次韻訓
之

一燈紅照衰顏酡方寸五嶽成悲歌人生高厚共履戴
集枯集菀何偏頗孤憤莫效韓非子且與崔駰作達旨
但教虛室常生白定有吉祥來止止不龜手藥同所治
洴澼絖封侯各有宜可憐一女養二老乃勞京管奇術爲
丈夫讀經鮮有得坐費光陰良可惜女子至誠乃感神
井渫轉使我心惻長竿綴帛如陶謙開簾豈止三人占

競來端策問詹尹誰肯選德求無鹽可憐一賦值握粟
虛名豈救溝壑辱勞君和章如響卜試覓赤繩爲繫足

牽牛花

五更殘月下樓臺冷翠浮光映濕苔滅燭最宜人早起
當風慣趁露先開穿籬繞砌無拘檢入竹攀松自去來
糊閣凭肩纔小立莫教梳洗便相催

贈俞薰仲　入泮

昂昂千里駒抎抎千斤犍服重且致遠萬事堪仔肩君
今發軔始日出扶桑顛富貴所自有無勞卜莛篿所願
持令名家聲克昭宣仁義游膏粱道德有鈞甄文章且

末技利祿眞戔戔古人重造士大昕鼓淵淵豈曰弋科
名浮慕腥與羶

董太傅祠

大儒坊裏宅古井自朝昏爲憶驕王事頻驚過客魂文
盛隨陸輩學得孟荀根功利袪浮慕天人得大原文章
儕賈傅學術邁公孫負酳杯擎玉披帷菜滿園廣川曾
攬轡繁露早窺藩惆悵江都市遺碑不可捫

題張桂巖指頭畫

彈指生一松落拳豎一石下春尚未巉巖迫一幅已見
巨靈跡嵐光倏忽閃遙峯雲氣蒼茫出峭壁餘瀋淋漓

西復東高巖中有一綫通古藤倒挂如蒼龍力勁運腕
似運軸輿到使臂如使風寸璣尺璧那可比直壓長江
勢萬里他日懷人展此圖魂消千尺桃花水

長至日次唐鵠舉韻二首

白首相看急景同休詢北叟與南翁客懷足使愁腸直
生計全憑妙手空葭管乘時能應律蓬根着地嬾隨風
陽回黍谷知非易布暖誰施造化功

殘芋煨爐夜半時陶然一醉勝佺期登臺慣見衣雲幻
伏枕休聽觱栗吹繞徑松篁清影合傍檐參斗碧天垂
故鄉巾襪團圞處定憶衰顏客寐遲

早春醉客即席次韻

東風又釀早春天階草經冬未盡處人遇詩儔兼酒國心驚鴈後與花前老松積翠常含雨修竹屯青慣帶烟草草杯盤難醉客賺君無賴聳吟肩

移寓課花閣疊前韻

豈有詩意繼樂天但無拘檢似僧虔拋家已在春雲外徙宅偏當社雨前千里關河縈舊夢一庭草樹戀新烟强移棲息仍漂梗何日吾廬永息肩

朱立堂招飲

移樽欵隣戶近局便相過舊夢我猶在新詩君更多借

枝同作客把酒意如何携得山雲到相看且浩歌

椋亭詩鈔卷十七

全椒　金光燕　鍾越

乙巳元日登康山分韻得登字懷江鶴亭

三朝麗旭海東升
御宿透迤拾級登水閣晶簾知臘去火城珂勒想晨興
榮依
帝座偕千叟飽飫
天廚勝百朋應念倚樓吟望客滄江青瑣夢頻仍

次韻送管松厓漕使入都

三度皇華照隰姸

朝章聯錫自便便選聲猶顧亭邊竹失水應憐岸上船
黍稌千艘連巨艦江淮百道湧飛泉他時開府重來此
驛路葛花似錦錢

璡孫字退若年二十矣更請余加小字余時讀淵
明詩至仰想東戶時因以東戶呼之幸成二章
寄示且爲之作生日也

薄田僅數畝八口常苦饑今年值旱儉滿眼皆蒿藜羲
皇不足羨但懷東戶時今汝年二十舌耕代東菑我老
仍栖層不得歸山莢何日阡陌間與汝同扶犁
東戶有餘糧棲畝夜不收衣食既克充遺滯隨所求願

汝及壯年此志庶可酬憂樂有後先詎爲一身謀三加信偉岸六合將盧牟

七夕康山讌集

彩耀雲光照曲阿參差臺閣晚風和不因天上離愁豁那得人閒讌會多詩入巧筵難諱拙客來酒陣且當歌穿箴樓上空懸盼無復年時舊玉梭

自課花閣移居秋聲館二首

寢處猶存山澤儀何妨繫梲任洪縻新衣偏欲加婁敬舊曲應難托李奇失酒每因蛇畫足逃名焉用豹留皮依人一笑雕籠翮棲息難安又强移

玉蘭花蕋漸抽簪點蜜黃梅亦滿林短柏方欣培向日
小桃未許看成陰砌苔似染將離淚檐鳥頻聞送別音
他日循墻門外過雙橋應似畫圖深

贈俞耦生次郎蕙仲入贅

玉樹三株竝影妍春風香透一枝鮮書城但得常堪擁
婿屋何妨且任延阿母不須同送女元兄未免羨登仙
狂歌記賦蘭陵棹老眼驚看小比肩耦生新婚有蘭陵歸棹圖余曾作長調題之

用臺駿留別韻送赴臨川

送爾西江路相從萬石君黃稼堂太守招入幕中入湖流正淺

揖袂初分異地同看月他鄉各對雲翻經臺上望千里
又斜曛

與同人集飲紫玲瓏閣次唐再可韻

穠華鬱層丹新葉漲生綠高樓垂踈簾暝閣排巨燭狂
客入夥頤自顧愧趑趄廣陵四月中傾城謀野矚誰能
扃荒齋十笏自畀踽而君不出戶召客與屢屬無庸命
棹行自富看花局性本躭靜便識復遠殆辱悠然張郎
間不受乾坤促樂志任閒放寄情在雅酥益宅安性恬
歛機外形束客歡夜正厭既醉歌一曲逌然發天真相
於蕩塵碌何異五老峰披雲揖匡俗

次潘雅堂述懷韻四首

豐穰本所願隔幷亦有期既非東戸民敢怨炊烟遲堪

笑魯公帖空有拙言辭家家嘆轢釜誰能瞷我饑

集栩既有鴇得桷豈無鴻所貴達人節聊以爲德充公

西乘肥馬顔子乃屢空謀道在知命聖賢不諱窮

左有花猪肉右有黄雞粥洪醉擁姬姜顧指匝奴僕豈

貸遍其門闔者矢弗告路人方七哀俟氏自百福

高者斯爲邱下者斯爲隰所處既不同其勢安可及請

君題柱去勿更思鄉邑枯魚對大魴空作過河泣

𣁽孫以除夕元旦詩寄閱次韻答之二首

春來喜汝病全除莫向蕭齋嘆索居謀道好求千佛偈
致身須上萬年書人皆共盼仙家鶴我亦新焚學士魚
丹桂臨風秋賦早孝廉船上眼同舒
昨夜燈昏客夢回驚從故里賦歸來笑扶靈壽堂前杖
滿酌屠蘇臘後杯終歲衰顏空自惜何時笑口一同開
春風寄語庭階樹莫待三撾羯鼓催

趙甌北以六十自述詩索和次韻應之八首

交遊千里與安期執手新知卽故知花月局開名勝地
詩書人老太平時客中興屢當君盡海上情堪使我移
有句慣因東老賦粉牆處處劃榴皮

洪醉休嫌外酒村文章大雅賴君存覆蕉到處堪藏鹿
燃鐵何妨暫借黿朝嶺漸迷青草色春江新長緑潮痕
落燈風後羣挑菜黍谷人家共藉温
客窻吟嘯是生涯自壽詩先歲首賒何意華箋名士句
枉投獨樹老夫家揮毫知有澄心紙獻技難瞞醒目紗
罰酒不辭金谷數爲君更盡碧山槎
故里瓜牛亦有廬老來偏讀寓齋書自甘跡賤逢雕虎
且喜埋藏作蠹魚丸藥求仙艱一粒洗心學佛任三車
憶曾刺促長安道禁鼓高樓夜寐虛
當年走馬曲江濵共說探花句有神人以鳴岡知鸑鷟

天教動地識麒麟六條虔捧中朝令八陣威驅絶域塵
盾鼻快摩袁伏墨傳來露布儋臣隣
偶作江濱緯上蕭都成畫裏雪中蕉五千但覺空饒舌
十萬何時更纏腰雅度共欽裴叔則狂生偏愛蓋寬饒
若教南北風朝暮我亦終身伴老樵
問歲知君七袠開春風得意鑄顏回國香蘭蕙林中立
偪露蓬瀛頂上來放眼定看元鶴下當歌應有紫雲迴
寄奴鬬將南朝路海色山光入壽杯
觩角居然亞兕觥庾鮭只合配韲羨自知老去難劬學
敢向人前更嗽名笑牒言鯖多暇日冷吟閒醉過浮生

碓房舂米歸還未鼓篋憑君更播精

竹溪上人以七十自壽詩索和次韻答之四首

蓮社交遊二十年鬚眉相對各皤然閒庭徙倚三花樹
密諦圓通十地禪清淨身中標慧炬廣長舌底湧言泉
龍淵象馬支公鶴盡結三乘世外緣

十日東風作判年新蔫舊徑各紛然人間別有無雙味
眼底應逢第四禪漸可都籃挑野菜好修長梘引山泉
一龕燈下跏趺坐幾樹梅花結淨緣

荻花毬擁夜如年芋火灰殘已不然汲水擔柴身內事
拈花捉草坐中禪綠陰古樾千章樹碧澗寒流百道泉

平地華嚴樓閣壯布金須達有奇緣庵中正建大樓

快書大有在今年衆腹直看盡果然有學門人多退院

不空長老正棲禪入闍隨意留瓶鉢玉鑒何心計貨泉

斌亮金聲安汰玉知君此事有前緣

郭霞峯招飲湖上余未克赴次日應叔雅以卽席

詩見示索余步韻

詩衢四達騰飛黃如君才氣直裔皇陽春之曲本難和

誰能啁哳賡歸昌客子令節酬應劇徵逐半爲酒食忙

米價已苦値儉歲花事尚覺盈寬鄉今朝人日風物好

綵雞綵燕彌生光好友二三理遊屐登頓各傒腰脚强

蜜梅山礬共逞豔黃如蒸栗白截肪惜哉吾行獨卻曲
閉戶聊復歌迷陽雅人高會不得與隔江山色懷青蒼
計日試燈鬧元夕畫船俱檥東門楊更須乘興作野眺
好詩定謚飛寒芒老夫雖老尚好事那肯再學牆東王

二月七日郭霞峯再約湖上之飲叠前韻

春草萌綠春柳黃春郊媚景初張皇出郭一路入春境
熙熙春物皆榮昌主人艤舟獨坐待奴子先爲召客忙
過橋直入簫管地選座愛傍炯波鄉華奴媚子行酒至
滿堂杯杓俱輝光檐端老樹一株直牆頭高塔十丈強
竹約濕暈隔歲粉松圍香膩新年肪鞺鞳鼓聲聞別院

矉瞵醉眼瞠殘陽吾儕作達無不可此生休戚憑上蒼
但得涸魚潤濕藻何異疥馬揩枯楊醉巾一覺殊自適
醒來燈火攢鍼芒詩章遒峭俱不易何事更計夫餘王

題趙甌北漁樵爭席圖

買臣亦負薪郢惲嘗垂釣腰斧手竿纔幾時此身便令
雲山笑先生逸志儕向禽邱壑不負平生心勸崇垂鴻
萬事了銜杯溪友還相尋三漿莫漫輕先饋我與斯人
本同類一番問答各陶然海上羣鷗飛不避

張表東招飲湖上即事次韻八首

卧聞夜雨滴空階曉起凝雲尚未開不料看花前約果

長鬚叩戶早相催

漠漠烟光帶遠林一湖春水浸春陰樓臺寂寞遊人少
詩境纔容我輩尋

絲楊跪地尋痕齊罨岸陰雲路欲迷飛到黃鸝原舊識
向人先爲一聲啼

過午天光漸放晴遙山已有數峯青老夫還自矜腰脚
拍手同登嶺上亭

三月風光最惱人百花相競鬭鮮新牡丹未放辛夷落
讓與夭桃獨笑春

小部新聲別調妍清歌一曲晚風前是何老蚌真含媚

擎出雙珠一樣圓雙全雙喜兩鄒郎年甫十三孿生同貌

花宮樓閣欝嵯峨青豆開房寄碧波與取禪龕僧出定
看他燈火夜來多

君家家事在詩衢海内人遵主客圖明日老泉應首唱
好教人盡識三蘇

慰鄭冀之悼亡二首

衣桁塵封簟竟牀落花時節晝初長蕭齋又過三春雨
潘鬢應添一夕霜遺咏空教留墜絮孱魂何處覓稠桑
俸錢十萬他年事營奠營齋摠斷腸

忍淚寬君轉自憐中懷棖觸倍凄然官齋幻作桃源境

婦服除當柿葉天定有迴腸將恨繞不須借面已哀纏
老鰥猶瞪終宵目何況神傷是少年

輓鄭西橋侍御

綵衣欣見夕郎歸執手相看話息機歲儉山中歡會少
時清篋裏諫書稀忽驚蕭綬隨星隕難遣陽戈向日揮
朝野此時同太息傷心不獨是庭幃

閔玉井作賣牛歌紀去年旱儉事今年麥大熟新
秧滿塍豐年可冀秦西巖作買牛歌爲田家誌
喜也並索同作

去年賣牛不得主今年買牛無處所大家脫却襖與袴

打包入城付質庫得錢不敢糴米歸急向江南買牛去
手牽黄犢渡江來鼻孔新穿角未䚡老妻稚子擁立看
掔曳泥塗去復回陰虹宛屬繭筋繫叱向朝烟越修畛
秧馬耬車尚倚牆先看黛耜牽長紖朝日初出柳陰凉
牧笛聲聲碌碡場去年大無今大有爾牛之力安可忘
牛宫重視衣重績上坂且休勿鞭鼙迴思舊日老烏犍
何處人間葬銅鑩

林庾泉於淨香園病後作詩枉寄次韻答之

塋簟安寢興帶履忘腰足但得適卑棲何事羨遐矚雨
過山自青春至草必緑曲逆豈長貧轗軻休怨促慎勿

山水樊尙覺形骸梏開我門兩扉得君書一束爲言花
紅時似中雲白毒嬰兹獨客翁加以新病酷誰作夔蚿
憐敢兼熊魚欲蟪蛄不知春蓋亘桂求旭我謂儉歲民
安得瘠土沃豢鴨可生金抵鵠又以玉請於題柱橋更
握出卜粟吾身甘茫茫君才豈錄錄

丙午閏秋禊日飲淨香園

閏節驚秋過錦園湔裙碧漲正當門剪來吉慶花猶在
望到盂蘭日又昏修禊客登香海閣刈禾人滿水雲村
蕭蕭春禊亭前柳三度今年照綠樽

秋海棠次同年吳舊浦韻

幽階眞覺可憐生薄豔猶餘夜氣清冷蕊難成知未睡
濕鈴無語自多情腸原易熱偏多斷心到將衰亦漸更
金屋阿嬌何處所晚風籬落寄秋晴

桂花次同年吳舊浦韻

名園未入已香生露下無聲倍有情入夜飄來三徑遠
凌晨携到一囊清莫嫌葉底藏身小但覺風前落地輕
試問霓裳諸舊侶月中幾度擷新英

與諸同人湖上看桂歸飲吳蘭谷齋中

城南城北滿秋光客裏偏能引興長野館不知誰地主
名園到處有天香拈棋小艓人皆靜燒燭高齋月乍涼

良伴不虛文酒會何妨聯夕醉爲鄉

以龍井茶貽竹溪和尚詩以代柬

故人龍井來贈我頭綱片珍之如拱璧俗腸不敢嚥聞君味道腴肺腑泠然善投以得一勳潔匹擣秋練金粟香正濃侵曉自開殿烹之待我來一坐晦堂院

招趙雲松唐再可秦西巖張松坪泛舟湖上

共作塵中客同呼野外船電光舒院睞霜色感馮顛遍歷無雙境如聞第一禪凉風吹列苑秋氣入層巔四五人中老三千界上仙黃壚高復下綠醑聖兼賢開寺花猶少傳觴室最偏行窩非輭脚吟地且隨肩儉歲無兼

膳村居但小鮮遠看松偃蓋近藉竹橫椽酒未酣元亮
書還證服虔濕雲翻似絮老葉下如錢可惜同漂梗安
能屢肆筵名園隨地有嘉會幾人傳老占江山勝奇逢
翰墨緣且將閒歲月更禊晚秋天

琎孫亡後張蓴輝以詩相安次韻答之

詒厥從今無假手敢借名士共論文心如廢井已全涸
耳似卷荷全不聞一硯范馨空伴我三舟陶峴孰如君
闕河留得衰容在垂翅回谿尚殿軍

輓吳夢星

我昔爲冷官深交惟若翁德鄰共朝夕君已爲奇童倏

忽二十年羽翮逾豐隆讀書味義根下筆稱文雄餘事
及書畫雜藝皆精通今年應秋賦意氣何熊熊妙掞穿
楊技射隼登高墉忽逢二豎侵返棹遂匆匆到家未一
日奄化遽已終我聞心骨驚撫棺切悁衷若翁執余手
哽咽睃雙瞳不意垂白人膺此毒螫攻余時援延吳寬
譬如彎弓孰意我之孫死在閏月中是時我不知猶以
昭勸龔前日訃始來肝腸裂欲空鴻飛亦已冥兒脫不
可籠哭子與哭孫長號憐病同天上白玉樓豈少文字
工如何必下界選取少俊充死者不可招生者路愈窮
哀哉二老友相對燈前風

紅葉

空山涼影正蕭蕭幻出丹青總寂寥冷豔已將浮世盡殘霞能使客魂銷已無秋實歸青籠枉憶春華麗絳綃一片傷心鋪血淚不同松栢後時凋

同陳嘿齋樟亭吴暮橋許竹泉飲吴梅查齋中次梅查韻

小院梅花自有春偶緣良會乍開門但邀世外同心侶應勝人間獨樂園雞黍肯辜張劭約雲山不礙向平婚一樽且共方三拜快把新詩草裏論

集課花閣分咏得梧桐四首

直幹高梧聳幽窻得靜便綠陰生客夢猶憶五年前

秋風吹空庭落葉曾獨掃不怨華生遲但恨凋何早

龍門當日樹百尺在空山琴瑟更何處半枯枝已删

老榦尙凌雲孤根此焉托生意自紛紛碧乳垂槖鄂

紫玲瓏閣送汪劍潭北上

高齋雨脚正如麻離席愁看燭影斜入夜還沽深巷酒當春好賦上林花鳳城紅日人聯袂馬首青山客憶家草草題橋看綵筆莫逢楊柳更停車

輓周蘧菴六首

冷雪盦詩鈔世豪江淮寓　炎荷

榮褒義方更賁
新綸寵
紫誥雙雙列棣高
難弟難兄兩駿驕孝廉船上耀芳華他時文苑看君傳
定羨三蘇占八家
偕老衰年乍悼亡那知葛鮑竟同行九原相見應相慰
飯含雙排膝下郎
天涯老友似晨星蹤跡頻年又合井腸斷山陽聞笛淚
秋風聽雨綠楊城
明月高軒共一卮羨君侍立有孫枝惠連他日真追步

應憶桐陰夏課時
寄到上江廉吏祿高堂飽食足霜秈太湖瑞米留餘粒
空向靈牀奠几筵蘧菴次子薌泉爲太湖令值歲饑民人挖蕨得米若干石上其事　御製詩以紀之

一字至十字詩

一枝盈足多短翮無安巢二曜無停輪征夫遠遊遨三山渺難即極目鶩洪濤四顧曠無人但見蒼埧高五兩催曉渡孤篷自鬱陶六代感興亡京口越寒潮七弦邈牙曠宮商誰能調八荒何茫茫矯首望崧喬九逝傷心魂烟鬲不可招十酒聊堪飲獨酌成長謠

紙窗爲風雨所破和張松坪韻

千間廣厦排旅楹百尺傑閣翔高甍解衣磅礴坐其內定覺習習清風生先生之意殊不爾但願亭以喜雨名皎皎白間晃雲母愛之不殊珍百朋有時瓶花護曉氣有時檐蜂喧午聲一朝霖雨大作劇紙條落索鳴鳴鳴建瓴銀竹競鞺鞳入簾苦嚥森崢嶸奚奴駭愕遽走報今夕難與風相迎此語先生如未聽獨凭小几肱自横那顧細隙盡碎裂但快急瀑爭鏗鍧憶昔長安過六月徹車慣向泥中行東華積潦不得度西山空翠何時晴此日四野慶霑足我亦虛做娛目睛區區片紙何足惜

牛腰幾束猶堪衡

輓鄭式齋封翁式齋西橋侍御之父紉脩孝廉之祖是年春夏西橋紉脩皆歿

三十年前過鄭村師山講院早春温半生客裏常携手
今日愁中倍斷魂祭酒一鄉名與壽陽關三疊子兼孫
衰年淚眼無乾處隣笛何堪日又昏

次江橙里憶往十絕句韻

一渠春水尋痕鋪半入吳江半太湖七十二峯相隱現
尋詩人在小蓬壺
西磧人家住野雲春來桃李自紛紛幽人止作梅花伴
鄧尉歸來日未曛

楊柳陰陰銷夏灣一桄遥碧小雞山芰荷深處渾無暑
綃幕長垂晝夢閑
翠林深處擁燈籌機杼家家一片秋冷露三更人未睡
讀書聲在最高樓
竹屋深藏楓樹林漁舟釣雪指湖心芋柴缸面酒初熟
獨向空山鳴素琴
仙家浮玉秉咸池白浪兼天入海遲省識毛公壇畔路
共誰一舸載鴟夷
穿林斜認小樓臺山色湖光面面佳薑雨瀟瀟深巷遠
過湖行艓小於鞋

三眠時節爲蠶忙矮屋低枝蔭女桑僻野催租人不到
空山添得焙茶香
銅鉦一片上平隄霽色遥看到海西深塢莫嫌人起早
最驚殘夢亂鴉啼
幾年不到舊林邱夢裏鈞天憶昔遊勝地雅人難再得
月明誰更擁孤舟

蓮性寺郝太僕祠　郝公名景春前明爲房縣令值流寇圍城與其子鳴鸞僕陳宜俱罵賊死詔贈太僕

時危國制已搶攘盡瘁寍求保障名蟻聚久迷三里霧
鵑啼難借一枝兵千秋粉水房陵水名流忠孝房縣有忠孝里萬朶

蓮花識性情閣部衣冠梅嶺下貞魂來往訴平生

管龕曰以移居詩見示次韻贈之四首

枉費周旋更折旋樂郊何處有易遷舊桑未許頻經宿新桂須教郎改絃馬柳當門隣大宅猪肝泥竈入殘年移來家具如驢老酒榼詩囊共一肩

休將暢達效針錐鄉里難隨昨暮兒太白交遊惟六逸蘭陵門戶有雙慈新詩此日驚乂手吉夢他年看剃髭但得一椽堪借庇三間五架總相宜

城市紛紛嫌我真贈投惟有影形神天孫難乞無雙巧須達曾經第七貧世事險如砂縮蓄交情滑似水掩尊

葭牆艾席多餘樂顏闔於今且避人
茶閣喧囂竝櫃坊隱居那得下田艮白藤銚鈌攜菁笈
黃紙飄零挈帽箱詩境愛居花栁地酒船全向谷林堂
水明樓上烟光遠好拓疏櫺看夕陽

題陸恒軒水閣

七年不過小秦淮一帶蕪城長緑苔入室論文宜對水
出門接武似登臺妓船栁岸鶯聲過歌院桐陰鳳吹來
借榻肯容居六月（六月居其閣名也）便攜一枕到蓬萊

題朱易林小照二首

知君家在水西寺山雨花開紅白多日暮陵陽祠下路

冷雲深處有樵歌

淥水芙蓉庾杲之江南雲物惹鄉思桃花潭畔家山好

一壑堪專定有時

兕觥歸趙詩

明趙文毅公用賢劾張居正杖謫出京許相國

贈以兕觥後屢屬他姓今在曲阜顏氏家常熟

趙者庭文毅裔也誣誘翁太史覃溪乞之以歸

覃溪爲之序遍索同人賦之

忠孝桮棬世所稀故家重到倍歔欷幾年曾作顏瓢伴

今日眞看趙璧歸名世文章成契券英魂俎豆載靈威

憑君好護千秋寶常向宗祊鎮碧暉

城隅買舟招同葛菱溪陳櫟園昆仲金畹芳吳衛

中並兒子臺駿餞余伯扶歸懷寍用臺駿韻

夾城蚰蜒壕咫尺對窻牖小舟銜尾進魚貫相前後清晨風日佳召茲忘年友少長既咸集攄懷知夙負老夫值艮會氣味如中酒念我昔遊地來往亦已久過眼閱繁華烟雲復何有今日孝廉船他時牛馬走話舊彌醆辛道路阻日古津亭張布帆送君歸皖口貧客無俾餞執袂顏孔厚驪駒一以賦江風吹江栁白我賦蹇屯齒事難抖擻真且任朝穆勇難養令勖諸君抱俊才豈肯

巒南畝相期各努力經濟在反手

偶成

擁身有扇莫愁眉奥室陰陽步步移宅裏秦宮高枕卧徧教饕取友逼期

次陸丹叔韻贈王若農

揚州明月歌聲裏竹西寒吹夜未已鬢絲禪榻颺茶烟應悔從前為貧仕蕭齋嚴冬雪滿地獨客朝厨清似水開門忽見異人來凍雀啁啾傍檐起羨君曾到碧蓮峰陽朔奇山面面是揭揚嶺畔采蠻花銅金堡下延奇士拓盡天南耳目多詩情豪氣爭雄歸君官此際歎卑棲

我到其中堪樂死人生盡意須壯年笑我頹唐已暮齒
讀書濟時須有用揮戈難返夕陽馳撐懷言志將毋同
漫興作詩聊復爾知君明發重感傷此是東南名父子

題黄陶菴先生露筋祠詩後即追次其韻

甓社珠沉尚有光題詩人過贊公房丹心不作浮才豔
赤手能傳烈骨香一代文章真磊落千秋淮海自蒼茫
他時藏碧荒城下過客孤吟倍感傷

題黄陶菴先生臨朐觀獵詩後即追次其韻

滄海横流尚表東有人揮淚向朐中爰爰極目成南渡
凛凛驚心咏北風藏窟幾人憑狡計獲麑何日見奇功

韓盧宋鵲紛紜散被髮騎麟泣鬼雄

贈廖古檀兼懷王西莊

憶昔挾策長安中九衢聯袂如屏風雲裏飛翔各志目
天邊星宿皆羅胸一别流光忽三十白頭相見不相識
君猶霖雨念蒼生我已烟霞成痼疾西莊光禄致我書
問我比來復何如揚州滿眼花月地我自銜索爲枯魚
不能取酒共君飲一詩相贈慚虛車

秦西壖爲其子真州娶婦

霜風十月千林丹秋漲漸落灘沙乾峩峩旌旐停江干
船頭繡段朝霞殷全家共載棠荑灣回颿撾鼓一霎間

真州城郭明烟巒紛紜傔從爭提扳僦居大宅既孔安
錦裧煜爚青廬寬香塵滿路列炬攢俟庭俟著人爭看
褰帷翁媼相見歡佳兒佳婦雙琅玕反馬有待聊盤桓
親戚情話堪團圞平原十日飲未闌大艑捩舵歸于邗
入門褖飾珠髻鬟我黻子佩同鶼鶼廟見之後羅杯盤
執笄陳篚勸加餐阿翁一笑還自嘆半生旅宦車斑斑
燕京楚甸往復還不辭辛苦頻移搬百里娶婦路非難
匝月已覺精力殫從此花徑惟閒關弄孫不出花藥欄
家食自吉樂且般向平老子真癡頑

次韻贈吳梅槎

得朋不異珍珠船下筆便見羣玉府啟期三樂堪延年
淳于五斗猶進戶鼠肝蟲臂一笑輕萬事何異秋螽股
君真惲敬足清娛我自柴參甘愚魯今年詩國壇更新
競發天光遊泰宇明月慣來照張八歎後不辭作鄭五
逸興如飛楊柳烟雋才似落梧桐雨即今獵酒過君家
不知誰客誰爲主祝君詩與年俱增勝地烟霞任擇取
性情已似漆投膠賞析自堪水入乳

蠟梅次孔延廬韻

嚼蠟人情已飽嘗九英休向日邊揚愛君旖旎心含素
對我衰顏鬢映黃豈有癡蜂還釀蜜斷無冷蝶尚尋香

膽瓶慣伴南天燭寒客偏教入錦堂

冬至夜雨中次孔延廬韻示兒子臺駿

不覺老夫耄其如鄉思濃光陰爭一綫文史賴三冬宿釀深深酌新衣密密縫雪殘還聽雨何以慰衰慵

孔延廬於廣陵雪後生子用東坡聚星堂韻賦詩屬和

聖涯一派鍾千葉醲面又見桃花雪醴泉有源芝有根天上石麟自奇絕傳君昨夜喜充閭我亦聞之屐齒折是時快雪正初晴月走中街燈未滅公方危坐不肯眠祥光繞屋金蛇掣墮地忽見寍馨兒搓挱老眼撋昏纈

幾年宦轍遍南荒全家萬里共棲屑第一兒生海船時滄波不動繁星瞀今年江鄉聊暫憩再索又向江人說孔阜名駒積漸多請看四馬皆如鐵

全椒　金兆燕　鍾越

趙仲穆畫馬歌 新野明府官眉山所購

曹霸畫馬得眞相榻上庭前屹相向伯時翰墨奪精華放筆卽化滿川花趙雍作畫有家法大奴天育神彩洽卷軸流傳四百年紙勞墨瘁歷塵劫何樓贋僞堆紛紜此圖亦復羼其羣異客見之呌奇絕傾囊購得爲家珍嗚呼此意人不識買駿豈爲千金惜君不見九江戍校已捐軀桯史猶能傳義瑜

同官眉山遊康山次韻

極島爲生禾　松何故在腹附會成幻奇夢中可得鹿學者好稽古達人貴諧俗未瞭核眞贋且與恣遐矚今日天宇淸登高陟徑曲藹藹排春林渠渠聳夏屋孤亭冒巔椒層臺峙偏麓竦身入青冥決眥極綿邈山容裹遊氛如髮未全沐江光帶夕陽如幅乍展縠俯視城内外遠近了一目麥壠遍町畦租船銜艫舳吾鄉在何處遙指神已屬堪笑浪蕩人欲歸酒未告老作風波民空懷詩酒躅名花待盡開芳趾堪再辱考据君最嫻遊賞我所欲殊勝蹟　山中踉位在空谷

丁未小除日七十初度孔延廬以詩見贈依韻詶

之二首

麗譙西流肯復東逢人甘作嘬嘯翁虞羲豈合留文伯杯杓何須惱次公最妒百蟲惟夜雨難隨片翮是樵風飄零已向江湖老但祭詩篇不送窮

禮數慚居一飯先獨搔短髮望江天匆匆便度山中日擾擾都忘世上年故里空懷童子釣微波難續老人泉諸峰但得看羅列九節何殊太華巔

戊申元旦次唐鶴舉韻

窮冬陰曀曉來無首甲春元紀瑞符敢擬得名兼得壽聊因聞雞便聞觚說詩未易同匡鼎抗論何須似董扶

新歲閉門還獨醉晴暉冉冉下楸圖

正月五日孔延盧生日即用前見贈韻祝之二首

依斗纔看柄指東斜川五日醉仙翁但聽鶯語春鳴谷
應勝羊絃夜在公詩骨清於梅嶺月宦情冷似竹林風
莫言對酒多鄉思驛路雲山正未窮

祺屏君善祀人先聯得佳兒客裡天杖履春中眞樂國
壺觴林下自延年此時地產鍾靈運他日文名繼老泉
我亦衰齡猶作客當筵且共柘枝顛

正月九日泛舟湖上召客分體作詩得七律四首

客中無地可延賓聊借扁舟作散人豈爲尋花纔出郭

偶緣祭竈便邀隣才非宿麥羨三味心似春盤雜五辛
酒保園丁俱識面十年冷宦憶前身

城闉清梵對名園候客排舟檥寺門豐歲人家多洽比
早春天氣漸晴温鬢絲影裡眞如夢歌板聲中又斷魂
林類故畦遺穗在不堪辛苦更重論

分體裁詩各鬬新老夫授簡自逡巡車中膝上思前事
秋水長天總幻塵金谷又沿狂客例玉樓偏促少年人
而今假手無詒厥吟向風前倍愴神乙未六月六日亡孫璡十歲觴客于此璡卽席成詩獻客

遠舫開筵晚更移當歌對酒自尋思首禾心事乾坤在

腰斧樸懷歲月知繞樹今花空爛漫登天昔夢久迷離
滄江一臥吾衰甚客散燈昏杖獨揹

巨超上人過訪以詩見贈次韻詶之四首

渡蘆一老過煙江清順相隨影必雙二十年前余與夢因大和尚結詩社師偕道揆上人同侍梵筵一時有雙珠之目今日打包來舊地穿雲還訪鹿門龐

江山指點六朝前一枕松寥又幾年莫怪玉樓寒起粟燈銷雪夜聳詩肩

海日孤懸萬丈强高標樽燭照詩狂質多羅樹眞天種便逆風時也自香

壯歲心情休更述殘年齒髮已無餘何時穩向焦公洞共結瓜牛一小廬

題荆雪巖小像名堦直隸安肅人辛丑進士戴遂堂先生之女婿也

昔日遂堂翁會結忘年契其子我授經其女方數歲事去三十載存歿如隔世老夫衰且頹息影客江裔有客叩我門負人落天際桃花馬上郎山抹微雲壻昔年抱翁女屢爲乘龍計今驚桓少君其福果不細暇持小像軸向我索新製我老百不堪如矢久在匧吾子富經術四海待裁制少年登甲科萬事一揮袂高松盤石間休擬柴扃閉爲爾感昔懷撫今更嘆逝惜哉玉與冰樂乃

不見衛

陳淡村以詩寄懷次韻却寄二首

梅花堪折柳堪攀故里頻從夢裡還新雨綠添村外水舊春青在屋邊山鄉心甸綫千重錦世路威紆九折彎豈有文章同庾信敢言詩賦動江關

偶過鄭驛戀當時白髮衰殘水一涯敢以桐音鳴石鼓但教菱鏡蓋瑣卮釣遊里巷知無恙瓜芋田園曠所司安得同呼隣舍叟與君一唱祝春辭

張水屋分司修石港場宋文丞相祠弔之以詩兼索同作

天涯揮手太匆匆摩霄鶻

臺城路

虞山客舍與諸同人共飲

簾垂孤館斜陽暮氈爐有誰同會晝裏遙峯棋中小劫、難遣客懷無賴新醪共買且擁絮牀頭擎甌燈背歲晚天涯相逢不飲更何待　家山風雪此際正松窻竹屋吟聚蕭顇沙汫鹽鷗苦闌夢鶴定盼歸舟霞外川塗自悔憔爛醉爲鄉閒愁似海一雁高天破空迷斷霧

解語花

題花蕋夫人小像

陌上且須歌緩緩閒中休自怨堂堂

孔延廬邀同蔣春農中翰竹溪上人遊木蘭院即

過蓮性寺與傳宗上人談六壬之學分韻得寒

字

異縣共滯迹淹暫雖殊端軫念各在抱寫憂尋林巒曉

日照坰野濕煙留餘寒古寺慨陳迹新交有重歡楓天

與棄地楷顗多淵彌吾方念鄉邑何日歸門闕

題陳卜亭撫松玩菊小照

井絡天彭萬仞高子雲亭畔看揮毫振舟灩澦如飛鳥

把釣滄溟欲斷鼇遠寄江湖成白首回思鄉國感青袍

棃紅樹斂芳魂妒婦津頭秋風猶怯寒潮渡便吳市烟
銷蓋山泉逝幽恨一天難補　感癡絶丹青筆儀淚染
朝雲小墓悵寒鴉古木哀猿野逕斜陽冉冉榛關暮斷
腸休賦看懷沙集鵰千秋何限傷心侶浮生短夢一樣
冷峯荒雨

看芍藥先至桃花庵拉石莊上人郭定水道士同行晚飲長春橋下石莊吹簫和道士長歌而别

廣陵四月風日憨花境濃似文境酣諸生愛花兼愛道訪壽先過桃花庵桃　花庵路我舊識紅霞千尺臨深潭石莊上人退院後新招良友同禪龕終南山中老道士問年一百二十三杖旁止有參同契静裡閒共枯僧參好客不嫌羣彥少看花便共煙巖探園亭宛轉人錯落仙翁扶杖南榮南花間婧孺鶯且顧看場人似圍幨檻日晚放船入幽僻上　春橋倚深巉巉推篷設筵競促坐

酒行先勸踞觚聃洞簫聲裡妍唱發兩老相和樂且耽
我謂諸生試靜聽鸞吟鳳嘯眞幽覃若無鍊形服氣法
安得此響驚松柟養生主卽作文訣善刀緣督非虛談
夜半飲罷各相别白雲深處波光涵

題鮑雲表小照二首

奇峰三十六古松千萬株鰕湖鷲嶺閒處處皆仙區我
昔登天梯遊三天子都欲訪阮宣平雲海不可渝側身
歸故鄉閱拋谿落圖誰知塵世閒乃有黃綺徒

繕性得淸娛禔躬遠殆辱終日手一編家傳世孝錄一
生篤天倫爲善若不足陰德紀比干芳譽著荀淑靈芝

告其祥流慶溢川瀆請看萬石君門內皆雍肅

王岵瞻以所作畫幅印章爲贈賦此謝之

作畫用筆如用鐵篆刻用鐵如用筆雙技何人號最工吳下王郎稱第一今年觸熱渡江來繞遍隋堤樹幾回竹西歌吹不肯顧獨向禪關坐綠苔老夫人外甘蟬蛻忽見奇才似搔背寶君二妙弆巾箱什襲如逢漢皋珮絕藝人間未易求枉將夜市入揚州五色米囊難飽腹畫上罌粟一函私印極緘愁

毛海客周小濂毛青士各次余正月九日湖上宴集詩韻爲贈疊韻奉詶兼送海客赴陝四首

征鴻何意忽來賓，挈偶携雛訪故人。匿跡井丹誰設饌

傾心王翰願爲隣。蓼蟲腸胃寍知苦，齏臼行藏各受辛。

願以餘年依法印，可能莖草化金身。

那有商顔聚綺園，逐江聊復寄柴門。問年我已甘頹落，

懷寶君皆足晏溫。文苑鄉校頻逐隊，騷壇屈宋孰招魂。

月泉此日開吟社，風雅從君一細論。

聯篇叠和各爭新，索笑當檐更一巡。驚向屋窗看豔雪，

敢拈虬脯落輕塵。興來未覺勞貞宰，去後何從覓替人。

爲愛公輸頻出面，自慚全似付留神。

猿驚鶴怨稚圭移，回首山亥定繫思。故態朋儔應可諒

此情兒輩莫教知江關春去空留滯隴水秋深慣別離
共倚暮雲懷渭北忍令徐榻久閒措

次韻送毛海客之官秦中四首

昔年談藝共陰何學海探源駭巨波十丈軟塵揮手易
二分明月照愁多鶯花有分還同醉牛女無端忽渡河
聯句幾宵成會合故人心性本煙蘿

詩名太早服官遲日月昭昭浸已馳蘋藻新支蕭叔佐
風塵舊驛鄭當時從今拄笏頻叉手未許搔頭更弄姿
自向訟堂親畫諾方知重任是牽絲

歷落嵚崎慣笑人締成無着與天親可堪道上頻嘲鬼

難向河邊共解神白社已廿 威聾結元亭休逐子雲貧
他年歸隱松陵下好向烟波更買鄰

離亭客散一燈殘更取絃桐爲我彈不怨關河行路遠
只愁梳裹八時難安巢偶自憑欹睫知味毋輕食馬肝
臨別更無言可贈赤龍千里盼陶安

竹西亭

竹西芳徑聳高亭灣近茱萸一水明積蘚苔花寒井在
長廊風雨斷碑橫山光禪智成今古老葉新苗管送迎
夜火松明前路遠風波堆裡又孤征

擬歐陽公取蓮召伯湖傳花宴客詩

謝公埭植滿湖花村烟社雨農人家健步遠移畫盋到

醉翁堂上淩朝霞揚州太守大召客碩士雅材森列戟

一朶花傳酒一杯花光人影動遥碧風裳水佩暮天秋

一片邗溟秋水流不入華筵供採擷幾枝零落斷湖頭

八月八日集江橙里齋中

秋暑連朝劇今宵乍有風感時驚露白客坐對燈紅涼

月弦初上高天幕自空關心兒輩事簟席矮檐中

八月十六日夜康山觀劇樂未闋朱立堂拉登山

頂高臺玩月主人命侍兒取酒至同飲既醉命

筆放歌

笙歌雜遝夜未央千餘列炬照回廊仰首忽見一輪月
碧天萬里懸孤光高人入喧翻愛寂携我拾級尋幽篁
康山高臺蠡山頂俯視城郭何冥茫檣燈爍目影燦燦
松濤盈耳聲琅琅此時下界半濁夢誰吸沆瀣躭高涼
而我兩人得眞趣置身忽在蓬瀛旁主人愛客送酒至
對酌逕醉神洋洋坡公昔日承天寺右丞當年華子岡
姮娥歷歷數今昔何異一夢聞黃粱半酣更入泉賓座
自矜衣袖餘天香

張松坪患癬在足又驚家人不戒於火趙雲松以
詩慰之囑余次韻

踸踔纔聞累起居爵依俄駭迫階除似同樂正多憂色

敢向參軍有賀書性定形骸消跌盪心空天地卽遽廬

室中身內全無恙氣朔憑他大小餘

朱桐村以張南華題楊子鶴寒窗讀書圖卷子索

題卽步原韻五首

曾依天祿伴長恩余官博士時曾派八四庫館分校此日江津獨閉門

五十二年懷舊事至今文苑重邢温雍正辛亥余年十二歲卽謁宮詹於揚州旅邸

石谷當年上座生蕭然水石總虛明自從添得宮詹句

畫意詩情絕世清

翠竹蒼松信筆書幽人奇境是冬餘寒鴉歸後天將暮
知傍寥家揚子居
入世無如七不堪只於羣籍耐沉酣何時讀畫家山裡
風雪荒廬一整函
鑒古須教更轢今千秋風雅故人心他年貢入瑯嬛府
錦贉應知祕惜深
周小濂以傍花村賞鞠詩見示即次其韻八首
佳句眞能以我愁病中悔不共清遊傳杯知怯三分瓮
下筆俄驚半面秋庾信小園聊嘯傲羅含深宅暫淹留
勞君相賞風塵外白露清霜夜自悠

天桃穠李久相猜月觀風亭日日來獨以遠心當衆艷
畧施眞色為秋開范村有譜淆訛久酈谷無緣歲月催
一繫孤舟蕭瑟甚故園千本為誰栽
侍郎荒冢倚花前華表巍峩對客筵冷蕋易迷三里霧
枯叢空結再生緣墓田寂寞朝煙澹翁仲岭㟗落照鮮
剩有濕螢三四點依枝帶葉有誰憐
幻成癡絕强吟詩有韻無塵忒費思老圃空開三徑望
重陽誰共一杯持抱寒自覺全無謂觸熱心知總不宜
樺燭半條秋館靜空牆繪得影眞奇
貞姿霜下忒分明日對秋風太瘦生但得一枝酬冷節

任他九日話金精露滋東畝新苗盛日照南窗晚節榮
小園更勞修竹援人人共羨庾蘭成
落英滿把當朝餐便抵仙人藥一丸秋影自肥花自瘦
風先宜暖骨宜寒披香坐久慳悠甚冒雨尋來取次看
霜序漸過春漸到應知獨立後時難
青女霜中伴客尋興來聊作短長吟騷丞一片蕭寒意
陶令千秋澹泊心白自無瑕堪比玉黃知不褪是真金
繞庭壽客頻相對獨愧衰顏病不斟
且向名山盡一觴夕陽東壁漸昏黃園圖杯斝成奇韻
抖擻精神對古香列座但盈佳友在放歌不厭老夫狂

寒泉一盞如同薦鶴去孤山定不忘

贈醫士曹翰臣

儒術既備醫術良幽通元化兼壽光腥膻窟裏餌麻朮少壯色如桃花強老夫老不歸故鄉伊婁埭上空奔忙一朝腰膂作跌仆此時精消神已亡目瞪口噤但偃卧衆醫熟視徒傍徨先生檢取一丸藥服之頓覺形神臧徐徐飲子爲調護匝月行動俄如常元生索我詩我詩豈足充餱糧念予活我無以報聊以讕語當頌揚明年春至登歸航與君握別頻迴腸感君贈言徵至愛青黏漆葉同遠將從此閉戶脚挂壁不敢信步逢遂陽

冬日病痊後張友堂以詩見慰步韻奉詶二首

纊不銖身火不星忍寒猶自戀殘形芷軀栩腦成何事
繪紙銀釼枉乞靈已墮中陰千丈黑忽驚長命一燈青
飈車若竟乘風去不用旁人甚脫扃

艮饈珍饋疊來時好友殷勤勸朶頤但得脾饞何允肉
肯輕便唱絕家詩天當寒閉全無謂人到衰殘百不宜
賸有千行思舊淚與君揮洒向松帷（時同會潘雅堂比部葬）

題吳舊浦同年海水移情小照

少年同上長安道鳳城雲裡雞鳴早九衢聯袂若屏風
魏三張八同傾倒中年分郡坐皐比同作江東學者師

廣文之官但飽飯一飽自傲皇與羲晚年飢走揚州市
揚州夜市人如蟻飯甕我憂將屢空書囊君嘆頻移徙
人生集菀復集枯有生䟽也非一途萬里之流方濯足
蹄涔安足停槎泭滄溟爲家飫沆瀣鴻飛脫網無拘礙
請君放眼觀六虛休將暇豫羨吾吾

張佩文繼聘妻巴孺人貞節詩

作卦首乾坤貞乃無不利家人利女貞風火備大義所
以貞與恒其德永厥世胖合女隨男守貞有不字一旦
得所天片言成鼎峙況當聘將如臣已委贄之死矢
靡他明道乃正誼卓哉巴孺人守信若結駟少小潛深

閨四德已充備維時厥夫鰥黃口猶未晬遣媒求賢淑嬰孩仗哺飼父母知此女堪任艱大遺首肯許之婿繼室匪所忌昊天乃不弔死喪倏相繼良人亦乍殞玉樓召何遽人言有福女終不作災髮逝將求燕婉偕老看佩璲孺人怫然起吾身已有寄一諾重千金此事豈兒戲父母許字時原云兒待茈我豈舍藐孤別行圖伉儷椎心乃嘔血卽往謁靈輀翁姑哭失聲抱兒以付之數載侍姑側保抱而攜持能言復能行親戚誇佳兒他時羽翼成足以報洪慈努力愛春暉勤劬培弱枝此兒又短折肝腸如寸劙慟哭向高天我何以生為自此神若

銷骨肉瘦不支一病遂不起長與斯世辭側聞古人言生死若晝夜守正以待終純德孰克亞昔聞諸葛公鞠躬佐後主秋風五丈原赤星降營所聖賢嘉其志庸人計其功嗚呼巴孺人撫孤乃無終聞者爲酸鼻見者各搥胸當今

天子聖貞節尤所崇迭見

褒異恩綽楔凌蒼穹乾坤與日月貞觀而貞明惟貞乃不息此理原至誠昔與君尊人論古多奇聞常言漢唐來節士不易覯我云懷清臺君家有遺跡趨庭聞至訓孺人常悚息今日巖西君遮須聞此事定喜閨中見乃

與英傑嬔況聞君舅宅河嶽久鍾靈南邦仰文獻東閣
多耆英讀書儁彥士濟濟盈階庭貞理永不徼貞報必
惟馨貞下復起元悠悠元旦亭

題王一齋撫松圖小照三首

蒼翠侵衣濕風濤入耳喧雲根回轉處知有薜蘿村
楓柳坐看合抱櫟樗大可蔽牛此樹棟梁何日空山日
日吟秋
處士曾聞號七松鬚眉應與此翁同憑君莫向虛堂挂
賺得高天鶴舞空

已酉人日次竹溪上人韻

草堂遊已慣吾意在烟蘿歲序如流水人情戀舊柯客心空際遠禪意定中多他日題詩客應憐勞者歌時余將歸里

補哭吳奎壁兼呈乃翁蓉橋

去冬我病篤君正生痘瘡謂此小科病旬日可奏康私恐就木人無由登君牀逮我扶杖起而君竟已殤彼蒼何夢夢存亡亦無常今春與乃翁執手彌感愴前者我來時君初入書堂向我問奇字訓詁不厭詳十五通經義十六遊宮牆僉謂蓉橋翁有此眞琳琅云年失解歸悲憤刻難忘老夫過相慰少年日方長已成命中技何

妨一矢亡而君感喟深發言令我傷吾父少力學期志
在騰驤功名一無成食貧兩鬢霜小子不自振何以供
資粻吾時聞君言知君天性臧遍告同社人茲豈粟果
郎今年我將歸江上呼春航忍淚送我[illegible]蕭苫徑荒
揚州雖寓舍已同三宿桑友朋不忍離牽裾排餞觴家
家作死別步步離故房有如遠徙人回顧增傍徨我有
泉下孫去我已冥茫君今定相見修文成鴈行爲言頽
老叟逝將歸故鄉棲枝既已失乞食無津梁歸定追飢
寠相與赴阡岡家書無可寄示之以此章

江橙里邀同人飲餞于古木蘭院吳梅槎成七律

一首送别次韻詶之

莫遣離情入老懷空廊正聽飯鐘纔且攜好友搖春艇
難喚詩僧到夜臺（誦若歿已三載）面目漸隨愁裡換夢魂還入
定中來木蘭花發人旋去剩有紗籠故紙堆

次吳暮橋送行韻留别

將歸留行各有言好友至論相觸迕子規鷓鴣無情啼
老夫止如鶴菢乳此地似結前世緣此别但有來生聚
況我與子銘素心如風春風雨春雨山雌志在求飲啄
暮燕安得久居處獨客往還四十年山光禪智契賓主
老境幸味甘蔗甘客遊誰識苦荼苦猶憶薄宦乍歸田

悔不小人止懷土耦耕尚有沮溺輩閉戸便是禽尚侶

投贈誰解南金雙幣身止索羊皮五生平大有枯枝顛

醉後不辭老婦舞君不見太王好色將去邠走馬且卒

西水滸

次吳學庵送行韻留別

平生不慣寢山儀竿木隨身老尚持末契友朋誰管鮑

暮年兄弟止夫綠春光正好偏將別客路頻歧莫更悲

記取定交蓮社下頭陀腸斷昔年碑余與學庵相識於葯根禪室今葯根已化去二十年矣

次朱二亭送行韻留別

第七久甘須達貧故園歸趁未殘春空餘遠道垂天翼
誰見飈車掩地輪從此求仙惟鍊已祇今觸熱莫因人
青山舊地堪埋骨不作靈均蟣蝨臣

次朱立堂送行韻留別

風來塵自揚雨過雲旋去人生非鹿豕安得常相聚與
君數十年會合在征路月滿庾亮樓香繞官梅樹惟君
弟與昴豁達披心素哲兄骯髒人夷庚無窘步一自歸
道山忍淚誦前句君持英俊姿屢向揚州住我爲解官
來七子詩壇赴康山懷武功勝遊欣把瑭每因唱和時
彌感齒髮暮如水以水投如塗以塗附我甘作倉虞餘

糧㕘鴈鶩去年同雅集聽歌長顧誤共陟康山顛矯首白雲度君眼不昏睇月下看細註君耳最聰達聲聞得大悟而我勉後偕濟勝已無具再拜與君別此別休回顧鴻飛已冥冥弋人更何慕

次吳梅査送行韻留別

人生若辛盤暫合薑與椒復如元夕燈難避雨中颷昔日樽酒會楚楚多俊髦論交無遠近哦詩夕復朝揚州歌吹地爲我托命巢罷官還作客儌裘思續貂荏苒七八年衰鬢倚花嬌妄思冰成山豈有水覆槽會不悔蹉跌猶自頻推敲少年重意氣執手申漆膠老子不曉事

閉目持雙橈終身有誓言一旦永相拋躍金思善治飛土求良陶與君一揖後回首路正遙壯歲易爲別春風攀柳條衰老復分飛安得頻相邀請君且盡醉勿睇征帆搖他日倘復來雲澗天寥寥

詠牛和俞耦生韻

遠道踉蹌一牸牛無輪可駕且歸哌已知筋力全衰憊那有倉箱可代謀春水溪邊尋柳影夕陽山上盼汙窶也知上坂堪休息可奈全家責饍饈

春日歸里贈袁鯉泉明府二首

繡雨花開召伯棠遙看雲影護隣疆時署合肥篆奉以委至全椒治獄似

聞移蔭春將去仍喜高懸鏡有光入擁襜帷欣駐宿客
瞻華館肅趨蹌修容入廄吾慚甚覿面應驚兩鬢霜
百里肥泉浩浩流揮鞭正盼稻孫樓仁風忽得中途遇
野獲賓堪道上謀千里歸飛知倦翮一枝容寄勝鳴騶
門庭長似林宗郭常客應難刺徑投

贈陳淡村

夢裡家山六七年今春纔得布帆懸冥迷似醉扶頭酒
灑落初開軟脚筵戚友不堪搜地下（謂吳杉亭）壯懷且與話
燈前知君未肯全忘世千里爭看祖逖鞭

汪草亭三月初九日七十初度余時遠歸奉祝而

主人近出不晤留此請正

布帆千里度長康到眼家山喜欲狂故里正爲眞率會老夫自愛水雲鄉菜花滿逕人偏出柳影當門客未忘寄語麗公歸及早有人停屐在濃桑

吳梅查同江橙里吳竹如羅滌川項小溪過惠照寺看藤花辱詩寄懷步韻奉答兼致諸公

昔年誦老師詩境聞仙梵妙義每相尋五字必古澹斯人旣云寂經窗老樹暗頻年共吾友廣庭坐餘蔭仲春叨偉餞名園襲衆豔衰年淹病身過此屢不厭今日藤花下天光開一鑑銜杯共憶我坐久頻呻欠安得縮地

脉一往共鉛槧

贈王仲朗醫士

我昔稚齒時腹痛過地不可治忽遇隣叟一丸藥服之如逢元化醫此翁有子俊且慧延入家塾爲我師我師年少志倜儻愛我如獲珠在掌二十早冠諸生籍精研家學重里黨燕也東西南北人不如騏驥在東隣年過七十返初服病謁良醫乃遇君爲言昔夢眞如駛醉挽白鬚對吾子肯將儒術契天心此是緩和三世里

招諸戚友集盡性齋中

老屋依然月在中又開蓬戶延諸公村廬泉下詢新故

車馬明遊感異同一飽纔知鄉味好十年休怨客途窮
扶衰未敢貪家食且趁池荷醉碧筒

贈吳愚溪

前月茅徑初修治好友爲我增欣嬉命酒呼樂入我室
張燈入夜不知疲愚溪吳子最少俊酒酣執手索我詩
我時半醉應曰諾當階一笑旋忘之人生憂樂本相倚
月來一病幾不起今夕招涼眄庭樹自快此身猶不死
浮生俯仰七十餘懸崖撒手隨歸墟寸絲不挂無所戀
清風明月還太虛忽憶醉中諾詩債此債不償亦一害
倏起挑燈搆一篇寄君鬼語人應怪

寄陳向山二首

蕭齋一載共論文績學劬書爾最勤王氏聲華惟勃勔陸家才藻重機雲作驚拔萃羣倫出更示周行上國聞矯首孝廉船上望新秋健翮趁奇曛

三十登壇衆所傾文章政事合相并亭衢交契皆風雅遠道音書識性情未沫音徽存樂廣無雙聲價在慈明長安舊友如相訊爲道衰慵尚力耕

壽汪鄰初七十

高捧耆英會裏樽其尊三隱向桑根年排甲乙爲深友誼績丁壬作世婚余次女適君胞姪名樀雲長孫女字君次孫名丙太白踏歌

成夙契惠連追步有名孫羨君內集多文藻家慶良時
正杜門

葉竹孫自滇南來晤後即歸新安詩以送之

人生天地閒水萍與風絮一面遂相離不知在何處曾
合亦甚易此中實有天握手雖匆遽亦成翰墨緣君挾
匡時策名動東諸侯歸解陸賈裝暫憩陶峴舟聞昔往
五華南詔爭勝流我有不癡叔謂軒來叔相與成綢繆君今
已遂歸伊人猶久留傷哉石德林不得首故邱

陳淡村招賞芍藥即席分賦七律四首

幾年看遍廣陵花今日鄰園致倍賒名士正宜新櫛沐

美人何用舊箏珈簾前宿雨鵓鴣鳴門外流泉正奏蛙
一枕琅玕留午睡夢回牆角夕陽斜
小門深巷轉肩輿晏子何妨近市居慣許近朋頻獵酒
更儲新釀爲澆書好花顏色偏三變故里賓儔總六如
爛醉莫辭街鼓動盈街列炬夜歸初
清和時節晝懨懨花落晴泥帶雨黏小院恰排雙樹直
高樓正對一峰尖長齋好共庚申守新霽還驚乙巳占
漫學青州劉跛子一年一度更何嫌
主人好客飾園廬爲結耆英挈老夫自愧虎牙年已暮
共憐犀首事全無二紅甑熟山中飯七白香盈雨後蔬

從此比隣來往易芒鞋竹杖短童扶

送葛厚安北上

昔年我官揚州時君家兄弟如瓊枝日月推遷二十載
老夫項背如華離今君北上長安道謁選喜逢官職好
黃綬堪分百里符赤米可使全家飽治民休更怨官卑
丈夫偉績無不爲一朝展翅看鵬翼便羡溟雲九萬垂
君家種德德自古父兄早命龍與虎經濟遂傳奕葉光
姓名定著官聯譜我已衰頹匿顯虛君方卓犖發軔初
他時鄉里徵名宦好任欒巴噀唾餘

潤生姪孫過書齋以素箑索句口占應之二首

秋陰漠漠草簾旌門外無人自獨行三伏已過涼又至
牆根蟋蟀亂喧鳴

寂處蕭齋更不譁病餘書卷任攲斜吾家杜位吾宗秀
入室談文勝賞花

揚州磚街柏華陞刻

道光丙申年刊

樓亭詞鈔

贈雲軒藏板

棕亭詞鈔卷之一

全椒　金兆燕　鍾越

水龍吟

來薰堂觀雨同吳穀人賦

芙蓉塘外輕雷車聲隱隱隨波去亂蟬乍歇絲楊漸暝水雲低戶彩舫齊停珠簾競下風來遥渚恰絺衣解後鈎欄共倚眞遣盡人間暑　一霎檐紳高注沁冰壺畫樓深宇松林雹激瓦溝煙噴危橋難度纔滌煩襟旋催冶思索箋題句又漁舟唱晚曬簑新月指來時路

月華清

辛丑元夕同王竹所黃仲則小飲余雪村月村兄弟法源寺寓齋醉後更深步至虎坊橋看月

佛火屯寒鐘聲送暝客中今夕何夕翦燭開樽怎把愁襟消得繞鳳城一片笙歌滯鴻爪三年蹤跡淒寂耐冷筵蒲饌短牀花席　看遍六街燈色止似冰蟾光儘八憐惜鈿轂香車何處擁歸華舄料者番絮雪門庭定一樣團圞內集羌笛莫驚回艮夢玉梅花側

過秦樓

六月十六日招吳穀人沈匏樽集飲寓齋

老樹空庭夕陽深巷屋角霽虹纔斷招邀近局抖擻閒

情莫負練裙紈扇驚看鏡裏衰顏駒隙流光百年如箭歎江南一髮家山何處楚雲天遠 休惘憶畫舫笙歌春江花月十載柳薰梅染波餘綺麗香別温麘一任素衣緇變秋到應難更畱銀漢愁騫金門饑倩且風前倚醉還聽殘更幾點

綺羅香

賀汪雪礓納姬

蜀錦屯香秦箏貯煖人在春先新到玉鏡臺邊未讓畫眉年少峯第一誰認山偏曜無雙莫嫌星小步堂前楚楚臻臻居然琴瑟伴偕老 軒中何處寫韻知有鸞箋

疊就聯吟初稾乍見仙桃應把阮郎驚倒且飛騰今夜霞觴共料理明年繡褓試扶他婀娜花枝看來端正好

鎖窗寒

温硯

玉版寒凝金壺凍結曉窗人起檐輝一綫寂莫冷塵髹几啟琉璃鸜睛淚瑩倩他宿火回春意早溼雲陣陣繇毫揮處豔光生蕊　濃麗黃庭字定煖入纖瓊簪花格媚鴛鴦樣好合付温柔鄉裏炷沈香煙裊斷熏熱心片石堪轉未只愁他書被催成還向冰池洗

生查子

夢別

啼痕侵枕續夢與郎言別醒後搵郎肩郎原在者邊前言生怕續不敢輕眠熟一夢已難支虧他真箇時

茶瓶兒

題陳餘庭茶教纖手侍兒煎圖

丹桂香中深院宇乍飄散茶煙輕縷入倚嫦娥樹晚霞濃處不放秋光去　幾載斷魂江上路悵冷落空閨茶具今夜瑤階露相攜問些好訂相如賦

玉女搖仙佩

題王竹所西山遊槀後

歆烝耳目塊壘胷懷宜向山泉淘洗換了塵衣攜來吟卷趺坐白雲車子馬首嵐光起早陰陰古樹離離幽寺更誰信翠微深處未遠人寰別有天地且騰向寒空絕頂高標開身甃奇　尋遍谽谺洞壑崱屴巉巖霞外石欄重倚浩刼金容浮圖寶網懷古幾多前事孤磬深松裏又雲房十笏簾櫳清閟冷臥處散花人在定應難判治情禪思雲藍紙紗籠貯得妙香末

鵲橋仙

贈歌童阿五

咏都嘗過蘊還非有笑我技窮鼯鼠絲絲續命定何時

枉瞇目相看無所　漏壺更徹鏡曾猜遍捫到衣銖寒
聚三三兩兩太縱横又落盡梅花無數

滿庭芳

一題王柘孫小瀛山書屋塡詞圖即用其自題原
韻

琢玉雕瓊搓酥滴粉濃情大似雲凝浮名休問柳七且
塡詞夢繞江南歸路數鴈行應候人兮霜紈溼清輝一
片明月鑑空帷　增悲孤館裏一樽寒夜千里相思問
底事年年只傍天涯坐對小樓煙水看虛廊松影頻移
吟窗下衰燈未滅留燄伴參旗

多麗

題孫熙堂賞音圖次郭霞峯韻

似娘兒不須更畫雙眉倚窗前明燈影裏按歌涼夜深
時儼湘臯遺來錦襪向姑山貌出瓊姿酒所銜杯花前
藉袖輕紅攬袴試生衣小毽踘翻身擲上束素嫩腰肢
須牢把留仙裙穩莫遣輕飛　短長亭傷心柳色碧裛
蹝地一絲絲便仙源常迷劉阮忍塵寰更結牙期千里
雲山五陵車馬斷魂此際欲何依衰草寒雲曉風殘月
我亦慣流離空彈鋏賞音誰是垂老天涯

沁園春

爲汪雪礓催姬人生子

金彈雕弓六曲禖屏高張坐隅算種桃幾載成陰已久徵蘭何處有夢偏處潤定含珠堅應非石不比春風豆蔻初驚巫峽又霞侵月滿還洗裙裾　年年璋禖私儲也栽遍萱花繞玉除憑衰頽孔釋抱來未易荒唐虹鳦驗去都誣我豈慵耕君須早穫莫厭人催雨後租搓酥手做阿侯容好忒費工夫

邁陂塘

題青山送別圖送杭堇浦歸里

顫危檣一江烟水西津人語催渡青鬟雪後融晴日極

目寒潮瓜步君又去算幾日郵程帆飾樟亭暮孤山老
樹定乍豁離愁同開笑靨紅意爲君吐　天涯客我亦
斷蓬飛絮征鴻過盡前浦簫聲明月留人易不許輕搖
歸艣相送處憶幾度停橈回首揚州路贈君無語但獨
對高峯遙情脉脉清影羃寒渚

瀟湘逢故人慢

題沈定夫瀟湘歸櫂圖

清波如鏡浮晴空一片朝靄初匀楚天碧無痕正雙槳
中流剪破粼紋回颿轉舵望衡峯九面蒼藍怳懷處汀
鷗岸鷺羣分小隊隨人　呼么鳳看石燕憶全家游棠

橋畔爲鄰矯首越江濆念桑柘陰中村社坻覘南浦皓月待歸來重照芳樽持比似洞庭春水不知誰最銷魂

賀新郎

程南耕歸里納姬復至邗上譜此爲贈

㛹老須燕玉羨幾日纔披蕙帳早沾梅馥蟬鬢虬鬚相映處雲影雪光交觸想却扇羞蛾攢綠問姓仙曹知奕世（姬人姓茅氏）料文軒寫韻應非俗家定在曲山曲　宜春帖子懸金屋愛結就同心綵勝奩開百福桃葉輕拋江又渡忍負錦衾簫局憶刻遍歸期庭竹書記經年吾久厭只樓中紅粉緣難卜算好夢讓君獨

洞仙歌

題施耦堂紅衣釣師圖

赤欄橋畔正霞明魚尾幾點烟凝暮山紫笑披來一衲坐向千峯剛襯得返照光搖波底　堂堂兼策策誰見庚辛便得魚天萬全計試問謝三郎釣魚船上謝三郎山谷句今夜西風秋江外芙蓉開未但拂袖蘆花又飛來似煖地氍毹六霙飄墜

前調

題豆棚閒話圖

一圍青幄罩綠天無罅藤蔓絲絲向空挂愛新涼庭院

爽籟林皐隨意伴鄰叟畦丁閒話　隔籬誰竊聽稚子山妻匿笑踈星露檐下往事總消沈講舌空乾誰更見漢蛇唐馬勸企腳繩牀且高眠讓冷砌冷蛩鬧他殘夜

摸魚兒

和江雲溪留別

又匆匆送君南浦銷魂此賦難作客身一笑輕如絮未許濕泥沾著君且莫寫讕語牢騷便了髯奴約聽殘畫角好緊束行縢金蓮他日兩足任君濯　人間世事事秋雲同薄此懷誰與捫摸秋光潑眼詩人去辜負碧天如幕愁似削問此去征鴻隻影將何託絲楊城郭倘有

箇盟鷗沙邊喚汝爲汝答云諾

高陽臺

紫玲瓏閣分咏得秋螢送汪雲溪返武林

草際風微，牆根露泫，幾宵伴我孤吟。舊逕蕭涼，有人爲爾傷心。棲他宇下原非計，奈金籠、偏少知音。忍遙聞、短嘆長吁，寂歷庭陰。　年來漸覺情悰懶，任機絲夜月，不管寒侵。聽到牀前，客懷已是秋深。空階留得相思料，怕天涯、有夢難尋。且同君、露坐更闌，一晌披襟。

沁園春

觀吳中小道士徐端平飛盞之戲因以贈之

一片寒光跳擲層霄乍浮乍沈似珠簾揭後翩翾玉翦
綵繩高處搖蕩瓊林妙手空空仙姿奕奕裹住斜暉冷
不禁交融影閃雙瞳秋水注向冰心　霎時響碎風琴
聽磨戛圓輪出好音怪項側腰迴百千變幻神騰鬼趫
上下陰森欲落還飛將收復縱怳裏閒情更整襟真丰
韻悵矐鍮捲罷瞑色庭陰
小小仙郎太乙鏇旗招來上清早光搖礒磹掌中明滅
圓圜豁落腰下迴縈放出條條飛來个个舞劍跳丸未
易弁蹁躚甚似者般態度合配雙成　知君誦得黃庭
駕白鶴青鸞上玉京看雙手提來天邊日月一繩縛住

世上精靈十賚誰加九仙獨抱空負韋郎太乙經良宵永且泥他一曲子晉瑤笙

綺羅香

春聲

臘鼓排餘宵燈鬧後不許畫樓人靜纔做簾櫳便覺耳邊堪聽營壘燕朝語齊喧析房蜂午吟爭趁更添他幾隊新鶯柳陰深處暗相並　深閨殘夢乍破偏有花郎喚賣催開粧鏡冰盞錫簫小市隔牆都韻數夜雨疼煞梨花訝曉風送殘文杏又長天一紙鳴鳶放來孤調冷

臨江仙

雨後憶紅橋荷花

薜荔陰濃小院芭蕉影潤虛牕湖天忽憶晚來香定應添薄媚也似換殘粧　夢裏幾回憐惜覺來還更思量彩虹何處醉爲鄉只愁新翠鏡不照舊紅裳

八聲甘州

憶江玉屏西湖

問多情南北兩高峯判袂幾多時又初陽臺上江雲海日吹到征衣何限六橋烟柳相對故依依舊日閒鷗鷺別緒應知　老屋城頭遙望記寓廬幾載苔徑荆扉嘆今花昔樹轉首境都非泛波心狂朋綵伴定畫船排日

醉金卮休怂却穿鍼樓上香霧清輝

摸魚兒

秋萍

憶前身趁春飛到臨風曾自軒舉一從帶水拖泥後便惹秋懷如許無著處向蟹舍漁村泛泛誰爲主零烟墜露剩點點星星牽蕁挽芰散了又還聚 他鄉客閱盡炎威暑路漂流心事誰訴天教不作苔岑夢甘與濕螢同腐粘淺渚又盼斷雲涯畫檝斜陽暮瀟瀟夜雨且疊就衆茵尋他冷鴨偎影半塘去

金縷曲

題花韻山房詞後卽用集中題樊榭詞韻

傑閣飛晴靄敞晶簾金荃在手高吟霞外腸胃五年塵土盡爽挹秋空露濯一字字笙竽眞籟孔翠鸞凰齊驟首笑啁啾空搶榆枋壚羣仰覥姤還愛半生閟盡浮雲態借毫端奇情幻想悲歌寄慨綵筆箋天天不管邱貉古今一概便宋豔班香安在只有塡詞堪千古賺紅裙共向屯田拜抛臍馥儘人丏

水龍吟

題家赤泉先生灑蘭詞先生名焜字以甯子名崇棨號葯坡字繡臣

冷吟西子湖邊絶塵標格依稀在琫琄殘裘琅玕蠹簡膏馥堪丐林墓寒梅蘇堤老柳玉壺曾買悔當年未向水雲深處通半剌柴門外　兩槳歸舟無賴喜荆產松風清藹向我言愁許人借讀勝情千載客路新交宗英舊譜幾回增嘅問何時一盞寒泉秋菊共蘭香灑

五綵結同心

題俞耦生蘭陵歸棹圖時自常州親迎歸里

筆牀書檻脂盝鍼箱一齊並上飛舲恰似藏嬌屋流蘇幔依約近傍紗櫺輕帆幾幅涼颸細柔波載香夢無聲朝烟外郵籤已過阿蒙舊日孤城　者番曉粧應早愛

霜楓兩岸紅入圓冰思母看雲泥郎沽酒芳意歡怨相并二分明夜揚州月好同照人影雙清頻回首隔江山色歸期先計春程

探春慢

正月十九日秦西巖招同張堯峯林鐵簫意庵上人湖上泛舟

險韻頻賡長箋慣拓吟場應是三北騷屑情懷聊蕭況味又被東風吹得纔小舟撑去早催到冷梅香國何來幾杵疎鐘客愁無限交迫　堤上柳絲新織似向我商量烟裏疎窗聯袂尋花攬裾呼酒雙鬟記同如漆孤鶴

南飛老又空外作去聲君生日時值西撮誕辰絲竹東山眼前
休負泉石

綺羅香

歌扇

杏子衫邊梅花笛畔擎出半輪孤月一片柔情似共斷
腸千疊乍收來餘韻悠楊又拓起亮音高揭正羞睥暗
擲當筵迴身却向翠眉貼　秋風休爲寫怨懷袖朝朝
出入何曾輕別重裹鮫綃怕有繞梁塵涅背輕招樓外
遊人從未惹牆陰飛蝶最銷魂衆樂停時掌中還自拍

新荷葉

藕絲

縷恨牽愁香心自吐誰添小小并刀强他欲斷仍粘輕縈細裏繞晶盤鷗夢還淹佳人雪後柔情直恁懨懨玉骨堪拈冰紈誰與消炎欲避閒愁怕他有孔難潛涼颸乍拂似當門仙隻簾纖荷衣製後故人休怨霜縑

探芳信

酒旗

瞑烟裏伴落絮當檐斜陽映水正踏青歸後望中早如醉多情閃出垂楊外巧把遊驄繫似飄搖斷雁雲中破帆天際　憔悴暗塵漬任雨打風吹暮拋朝寄招得人

來人去那還記愁他到處高聲價有債應難避約重尋好認相如故里

湘春夜月

古寺

好禪棲創來知是何年滿院松檜森森都雨溜苔纏幾個白頭開士守舊時衣鉢粲可親傳看風旛動處鈴音自語似說開元　深嚴殿宇高垂寶絡端坐金仙梵唄聲中應閱遍刼灰多少人世桑田長明焰短是六朝末燼寒烟倩彈指喚跏趺座上枯僧出定爲証前緣

一蕚紅

茶烟

小庭隔正晝長人靜午夢覺來初松火初然缾笙漸沸欲飛還更徐徐畫欄畔書室幾篆縈繞遍涼影碧紋蟵茗戰喧時湯動建後猶戀聰虛　十載青春何處悵鬟繇禪榻相對蕭疎小極心情他鄉況味淸風雨腋難扶最愁他孤飄一縷纔人抱疑有復疑無試揀龍涎半葉移向金爐

滿庭芳

花雨

靄靄紅雲濛濛紫霧𩆜來一片傷心更無人處隨意布

庭陰也似沾衣欲濕斜陽外斷影難尋高唐夢朝朝暮暮未抵此情深　樓頭凝望久迷離極目綠浦青岑帶軟塵十丈落遍天潯寂寂無聲白下風定後猶灑空林離人淚添他幾點孤館做愁霖

鵲踏花翻

藕粉

慘去霏霏拈來片片撒鹽飛絮都難擬最憐庫露冥中幾個冰甆分明窨得悲秋意玉塵十斛向君輸香風千頃知何地　細細注入新湯百沸一時都做湖天氣也識病舌多嫌曉脣猶澁倦枕餘殘醉強將荷葉小杯擎

勸他蓮瓣輕匙遞

八寶粧

塔鈴

穿霧繁音入雲淒響歷亂幾層檐宇珠網金繩欄楯外靜伴諸天鐘鼓西風初警化城烟鎖高標家家遙聽同砧杵堪更鬢絲禪榻蕭蕭羈緒　隨意自理宮商落花殿外不知聲到何處悵今夜枕邊無寐定明日江頭難渡添得連宵夜雨秀支替戾全無據試徧點明燈看他獨自和誰語

湘月

水蜜桃

露香園裏有東風千頃丹霞成列結實正當堪雪柰沁入齒牙芳潔似貯甆漿如收蜂稅太媚珊瑚舌相如多病一朝消盡殘渴　休把綻雨殘栘迎霜病橘輕易相量絜三泖九峯雲水韻釀就千年仙液擘出眞豪投來難報且自懷其核餘廿分取泖山應勝偷得

高陽臺

西瓜燈

銀匕挑殘金釵刻就懸來綠暈沈沈試炷蘭膏恰宜修竹疎林飛蛾不敢輕相掠怕近前寒色難禁最消魂碧

玉身迴影映羅衾 陳根舊蒂拋何處便因人暫熱還
抱冰心攬得清輝依然獨處天涛秋風幾夜添憔悴共
短檠牆角淋侵忍看他蠟淚堆中 粉指痕深

暗香

香睡鞋

睡情柔狹正綺衾疊浪溫馨初匝曲曲鬭新卿自眞能
用卿法剗襪階前乍到手提處背人輕鞁點點似雲外
星河寒影動三峽 池閣戲波鴨也爭效綠頭翠光濃
壓笑郎武狎潛把吟肩嗅還掐餘馥偏難捉搦朝起後
不教重踏試覓向珍褥底一杯更呷

紅情

紅蜻蜓

雨餘輕舉看欲無似有倩虹傳嫵挂向短檐光閃遊絲作朱縷霞外飛來小立作偷眼蓼汀迴舞儼映肉半臂蟬紗流影到華渚　端午矬中路認赤水岸邊夜光休誤幾宵化去珍彩應教暈脂妒誰畫泥金一線還淡淡添縈愁緒獻薄媚休便把藥籠載取

綠意

綠蝴蝶

收香小鳳算未抵傻遊花外芳種草色依稀誰認裙腰

粉褪尚嫌眉重濠粱一片春波遠早墮入莊生殘夢想

繞籬野菜初生不許踏青人空 擒向闌干側畔又還

擡翠袖纖指挑弄柳綫烟中晚翠深深放去驚魂猶動

柔鬟撚後單棲久看日影苔磚趂縫羨舞風濟楚單衣

只合少年人共

宴清都

題香雪齋讀書圖

簾外寒香繞書齋靜弟昆攜手同到苔階幾轉棲庭怪

石倚牆叢篠回頭玉琢佳兒也隨步芸編自抱想研冰

宿凍猶堅牕楞新旭初照 移時展卷琅琅抽思軋軋

清課都了談遷似續向歡授受事關非小他時騰踏飛黃定共羨城南俊少請試看珠樹當風瓊枝弄曉

尾犯

題顧仙貽春草閑房圖

乍見入簾青孤館晝長聊慰幽獨倚遍欄干向空階凝目深巷外萋迷正滿小廊邊蒙茸又續碎烟烘日只有王孫歸夢暗相觸　丹青眞妙手芳意染就盈幅那日裙腰驗殘痕猶甃定新雨陳根乍潤宛虛堂斜陽漸縮更無人處一片羨他隨意綠

賀新涼

祝陳春渠五十

歌吹揚州市莫匆匆人前便把子昂琴碎半百年華千里客多少塡胸塊壘偏筆墨魚龍游戲自種蓮花來火宅看淸泠世界原無滓驅熱惱且迴避　十年共結雷陳契笑幾度天涯握手鬢絲花裡回首西湖淸夢遠明月高峯似洗難忘是三潭烟水他日吳山歸路好定雕輪擁个朱翁子還憶否竹西里

醉翁操

題張夢香歐梅花下塡詞圖

高岡扄堂相羊挈壺觴壽芳吟亭　對花成奇章一林寒

月昏黃浮暗香閒咏向橫塘望古遙集兮黯傷一問梅不語空自徬徨倚梅不去應對幽人夜長凌晚山之蒼蒼俯冷泉之湯湯詞成人斷腸誰爲今歐陽老樹半枯僵羨他曾見翁醉狂

沁園春

除日獨步城北晚眺

萬縷炊烟一片晴霞斜陽半樓正椒圖桃板周遮簷額絲雞彩燕綴上釵頭繡閣笙歌寶坊鐘磬爆竹聲中互唱酬年時事憶蜂窠巷陌儔侶曾遊　生平小杜揚州嘆草草年華逝水流算畫橋風月幾番沈醉紗籠翰墨

到處勾留潭裏船車市中燈火看盡他人擁八騶邸墟上有荒榛多少螻蟻王侯

前調

除夕燈下疊前韻

幾載詞場上賦詩臺登文選樓但江山佳處旋開醉眼鶯花上日慣作遨頭勝地烟霞可人裘屐也算天公破格酬南濵遠且逍遥池沼小當鯤遊　休貪夢裏刀州料才地原非第一流笑朱門自峻何須御李赤松可學豈待封留花下聽歌堂前繫馬便抵鳴笳更列騶杯錯畔且酒呼歡伯茶命甘侯

前調

元日再疊前韻

曉起開簾，佳氣充閭，晴光上樓。看天際雲霞，乍驚滿眼；
鏡中霜雪，莫管盈頭。整頓殘書，披誇破硯，且喜今朝少
應酬。巡檐笑，羨篠驂苔徑，羣隊嬉遊。胸中九點齊州，
也未肯隨波左右流。但被酒狂時，那知訶責；有花看處，
未免淹留。夾道旌旗，塞街輿馬，縉纘紛紛各導騶。吾衰
矣，便有懷投筆，何日封侯。

虞美人

定郎寄枕

孤幃獨擁秋衾薄客睡何曾著感君遥暖到天涯爲我一面春影貼錫花　捻來忍向街頭賣別淚斑斑在良宵但得夢重圓不羨邯鄲道上小遊仙

浣溪沙

葛城小橋題壁

東葛城連西葛城蹇驢蹴躋傍莎汀無聊歸客一鞭横冷露定知今夜白遥峯不改舊時青夕陽官樹晚烟生

千頃汪汪白浪鋪三秋穲稏已全無小橋一幅臥虹圖水面柳腰爭嬝娜波心屋角强支吾行人猶問酒家

壚
村塾兒童犢鼻褌攔街拍手笑紛紛笑儂衣上有京塵
周變闤前苧舍在羅含宅裏菊苗新從今不負北山
雲
水驛山亭千萬重郵籤今夜數纔終京華回首暮雲中
豈有逸羣空冀北尚留殘夢寄牆東壯心且付酒鱗
紅
燈影螢輝伴獨吟草蟲聲裏露華侵秋星作作夜沈沈
捧檄又辜今歲望倚閭尚累此宵心尋思身世一沾
襟

走馬迍年似轉蓬歸來雙袖自龍鍾空亭且作守元雄
半世空吟青玉案此間那更碧紗籠知音萬一爨餘
桐

桂枝香

題汪存南詞集

天涯倦客又解縚故園暫駐舲屐乍拂塵牕虛閣便安
吟席桐陰竹露荷香裏展瑤編清韻如滴十年塵夢一
襟離思爲君初滌　我亦有愁箋幾冊只換得鷴啼青
鬢霜積三徑歸來零落舊遊非昔淺斟低唱家山好料
不負填詞柳七從今便共水雲良夜賞洲漁笛

沁園春

舟過寶應弔貞孝成大姑墓

泠露楓根誰奠芳魂金釵澗邊悵萋萋膩綠斷堤秋草戎戎慘碧古戍寒烟檣燕飛來林鴉散後寂寬清淮繞墓田殘碑在認舒姑當日嗚咽流泉　虛灘獨倚危舵對一片蒼茫落照懸慨娉婷不嫁天涯自惜晨昏久負遊子誰憐千里關山十年壓土輸爾蛾眉姓字傳逢臆底待喚將清醑遙酹荒阡

金縷曲

題萬華亭持籌握算圖

鬼向先生笑問先生干齊九九有何奇妙五角六張將
半世借箸忽然輕造漫自詡圭朱之巧貲簿宛然豪巨
萬尚稱量銖黍無多少郭況穴有誰到 先生笑答休
輕誤算囊底頗饒餘智獲贏非小寡婦巴清烏氏倮千
古人傳秘要試看取量金以箸揮霍從今須得意撒珠
郎簾外應相報可許我管交鮑

道光歲次丙申 孫珉謹編次

曾孫疇

醍校字

詞鈔卷一重校錄

過秦樓 題落用周清眞詞韻六字

生查子 考平仄四換韻是醉公子調非生查子

多麗後半碧痕句多一字衰草二句應七字上三下四與前半小𨇾踰句同

洞仙歌第二闋後半吟蛩誤冷

校詞難於校詩校詩不過正其訛字而詞則有長短句之不一且一調有數體以致有字數多寡之不齊斯集刊時失校處多茲特重加校正一衷於詞律并廣取宋時各名家詞以爲證挖補恐板易損壞故於各卷尾增刊一葉夫詞異於詩詩之所

謂聲以一平對三仄詞則當以一去對平上入因去聲之字音響獨高當日製調時所用去聲字取其抑揚跌蕩也近日曲能歌而詞不能歌以無譜之故在南宋末玉田生已有惜舊譜零落不能倚聲而歌之歎矣集內各調用去聲字皆本之宋時諸名家似於塡詞之學尤為精審焉道光二十四年仲夏孫男珉重校謹識

全椒　金兆燕　鍾越

過秦樓

燈夕記所見

繡帽星攢，錦衣霞皺，襦出暈紅波臉。馳燈影裏，沸管聲中，暗擲秀眸如剪。貼地弓腰最輕，蝶繞花叢，燕翻波面。更徐徐小立，聲隨檀板，一縷嬌顫。　剛博得鰲鼓齊喧，魚龍競鬬，轉首玉容天遠。爛銀高閣，鋪玉開庭，應是傻魂猶戀。知否香銷夜闌，一枕忱吟，爲伊腸斷。且孤衾獨擁，合眼看他幾遍。

虞美人

送秀奴暫歸邗上

昨宵同作扁舟夢花霧春帆重今宵看爾上扁舟愁對落紅點點付東流　明知此別原非久也自頻回首一燈孤館怯春寒應念小樓風雨客衾單

桂枝香

寄定郎

清歌未闋悔薄醉匆匆良夜輕別一櫂西風夢斷蕪城烟月飛鴻從此飄零去悵天涯有誰憐惜最銷魂處霜天回首滿林黃葉　纔屈指分攜幾夕便點點驚心青

鏡華髮料兩腰圍怎奈愁腸千結相思最易成憔悴莫輕教玉容消歇好須將愛獨眠情味乍寒時節

木蘭花慢

題江雲谿清冬餘綅詞集

虛牕生靜白牀斗室斂吟魂正矮帳低懸曲屏深護几席無塵瑤籤幾番窗熨早寒梅先借一枝春撥盡熏爐宿火含毫直到宵分　知君獨對清樽愁歲暮感蕭晨任夢冷江花吟枯庾樹誰識幽芬清歌莫嫌寡和有蘆簾紙閣為溫存何限霜橋雪棧玉鞭雲外羈人

解連環

汪雪礓以所刻玉田詞見贈賦此奉酬

冶情呆拍是王孫邪日織成愁牒想浪迹汴漫歸來伴寂寞晚山白雲千疊賞聽花叢算只有斷腸鶯蝶嘆滄桑幾度更向東風驗取鵑血　天涯客愁正絕似寒蟬老樹空抱吟葉感縹囊爲寄新編散千顆珠璣照輝藤篋暮雨孤舟試譜入笛聲同咽只愁他老蛟喚起翠篘自裂

金縷曲

爲江橙里悼亡

殘月停粧閣最驚心中庭冷處玉梅先落檢點緗奩餘

繡譜未了紅枝半蔫似軼稿遺編空索腸斷鳴箏惟少
婦挽雲鬟誰更憐梳掠愁獨聽畫簷鵲　蘭軒賸客增
悲愣憶幾度芳廚餉鼎華筵騰爵此日髯翁謀斗酒微
雨黃昏翠幙悵一片飛花無著雜體吟成三十首悔當
初誤效安仁作遺挂在夢猶昨

秋思耗

爲鄭東亭題秋林獨玩圖

閒把烏巾側駐瘦筇清映一襟寒色霜外淡峯水邊枯
沚參差幽窄正疎密烟光鎖林輕共晚黛抑嘆賸將憔
悴碧便染露烘霞邀人留盼待訪武陵前路不堪重憶

今夕松間殘滴悵舊顏難更疏飾滿天蕭瑟空山誰伴嘯披雲白算獨鶴歸來夜深和夢迷倦翼怕渡頭人暗識只亂石懸泉垂藤低處去得又隔危橋岸北

綺羅香

雨夜有懷

土銼烟屯繩牀夢碎整頓客愁今夜破紙疎櫺面面酸風交射聽淅瀝簷溜齊喧更砰磕山泉高瀉祇憑仗薄酒微醺如何堪敵恨千把　虛閣昨夜並凭記喃喃絮語淚珠偷灑共客他鄉底事一人歸也念長途曾與同經便小別怎生輕捨料恁時支枕無眠小膽驚飄瓦

摸魚兒

病鶴

冷秋階斜陽欲墮還留綠夢如許難支單跱寒微骨但抱氋氃殘羽心獨苦悵幾載閬風伏雨孤眠處霜天漫訴縱太液波澄青田玉滿難覓舊時侶　頹垣下何事羈魂猶駐蕭蕭落葉空舞哀鳴斷續深更後添與客腮淒楚君且去好穩向瑤池尋取當年路雲中却顧莫更學丁仙戀他城郭又被俗塵誤

金縷曲

別周幔亭十八年矣忽得手書欣感交集漫塡

此解以報瑶華

隔面人千里許何處青鸞送到天邊雙鯉一片二分無賴月咫尺各成憔悴怎鶼翼便難輕比粗服亂頭還似昔只華顛慚並張公子憶舊夢在烟水　幽情古癖誰君似網羅蠹蝕紛金石推求與盲蠹簡鑽研勞脉望食得神仙幾字空走遍揚州夜市我亦蒯緱頻獨挂笑連年轉磨真如蟻何日更叩囊底幔亭懷人絕句張梧岡與金鍾越粗服亂頭俱可人

減字木蘭花

憶定郎

夢回春曉寶鼎殘熏香未了又是黃昏苔逕烟深空閉

門　紫雲何處佳句吟成愁日暮莫倚闌干簾外瀟瀟

春雨寒

點絳唇

滁州送春

何處春歸重簾不捲庭花落亂紅漂泊閒了秋千索
繡轂金樽空負西園約愁無著遙峯如削風雨凝香閣

燕山亭

端午集吳岑華先生齋中分題得豆娘

纖刻修眉輕束細腰嬌顫淩波微步香霧暗藏嬝娜芳
容低鞾翠翹深處採擷歸來問南國一枝誰主無據賸

一段相思和儂親訴　堪羨青玉釵梁恰有個俌人共
伊同竝鴛帳夢回悄對圓花妨他落塵輕汚摘向雲鬟
試細認春來風度甚妒將假子玲瓏安放

漁家傲

眞州郊外

幾點殘霞明遠樹牙檣解纜驚霜鷺十里紅樓開繡戶
人何處水晶簾捲山光暮　候雁來時無尺素相思目
斷江流去衰草茫茫仙掌路空凝竚一痕秋雨屯田墓

水龍吟

寄孫鳳鳴

亂紅零落西園匆匆春去無蹤跡折綿時節蘂毬天氣閒愁堆積記得論心凝香閣畔秋光如織只數行衰柳半村落葉便夢裏難尋覓　惆悵旗亭分手對青樽淚同沾臆而今別緒暗縈芳草和烟弄碧料得文驄晝長人倦也應相憶正濛濛絲雨一聲腸斷畫樓羌笛

東風第一枝

吳省叔與軒來家叔薄遊滁陽已旬日矣詞以柬之

喜客泉邊醉翁亭畔忽來何處雙璧錦囊麝墨淋漓題遍郵亭郎壁青山似舊識青眼向人如擲堪恨是撲蝶

光陰都付鞭絲馬跡　西澗湧春潮漲瀦應共泛晴漪淺碧輸君一櫂觥船消得繡簾晚笛烟縈雨織又醞就相思幾日料此時促膝燈昏念我影淒形寂

踏莎行

濃綠鋪雲殘紅墜露小庭飛盡花無數金爐香冷夢初回翠簾何處流鶯語　曲曲雕闌重重繡戶蘭閨晝永人閒並遊絲百尺總無情牽春不住牽愁住

虞美人

寓七言律一首

閒庭過雨青膚濕風送流螢入翠帷冪歷竹枝垂短砌

濱濛花氣護疎籬　衫籠方縠輕紋繞人對圓冰小影隨夢杳篆烟微有字倩誰寄與到天涯

綺羅香

重九前一日

門掩垣衣塵封壁鏡直恁冷清清地薄霧濃雲做就滿城風雨寶階糕有恨同餐索郎酒和誰共醉賸幾番閒怨閒愁西風簾捲瘦花裏　萸囊深貯畫篋還是芙蓉衩上解來親繫鬖鬆衣香散了恐難還聚宜長久名柱挹嘉好宴會人歸何處只除非七七重來再尋花下女

多麗

后土祠弔瓊花

逐飛仙珮環何處流連任荒祠雲扃霧鎖空餘幽恨綿綿繞虛廊風飄碎瓦橫斷砌苔繡長垣玉骨埋香冰姿泣露移根應上大羅天暗凝想丰神淡泞寒艷翠華前

向疎欞愁懷徙倚無雙亭子依然歎惟有二分明月更添得一段寒烟夢冷江濱魂歸洛浦玉鈎斜畔最堪憐夜闌後濕螢點點猶爲照珠鈿堪惆悵賣花人老誰訴塵緣

減字木蘭花

殘燈如豆低射羅幃雙影瘦半枕烏雲縈住花香夢裏

聞巫峯路隔私語檀郎知入月一點紅潮染得吳綾

玉樣嬌

八聲甘州

高座寺

倚西風獨客正銷魂寒潮湧清江是誰敲古刹鐘聲催暝門掩荒岡幾點離花欲落深徑晚鋪黃僧定虛堂寂一片空香 欲問僧繇遺畫悵苔纏壞壁蝸篆長廊莫頻驚塵劫惆悵對燈王便千年澄心結綺也只餘荒草帶秋霜凝望處蕭門蕭寺都付斜陽

氐州第一

波漾簾旌絲雨向晚窣濛淡靄凝碧綠樹新烟烏絲舊
約贏得愁懷似織循遍長廊甚往事如雲難覓贈枕閒
情題襟麗句不堪重憶 暗省韋郎憔悴色謾凝盼玉
環重識裙不留仙草難懷夢應是無消息冷爐熏垂羅
幌春宵永深燈挂壁門掩梨花聽聲聲虛檐夜滴

沁園春

送仁趾叔之中州

短劍褒衣此去中原慨當以慷怪金鞍幾載岱宗鄭步
鞭絲吏指汝水蒼茫小閣論心晴原側帽纔得春來醉
幾場濃陰下又驪歌欲唱珠淚沾裳 知君立馬神傷

看九曲渾河繞太行歎雀臺零落分香妙伎叢臺磨滅挾瑟名倡三月鶯花兩河關塞弔古懷人總斷腸東風外想侯嬴空館一片斜陽

摸魚子

題吳洪芍惆悵詞

問靈媧花生幾朵團成香艷如許刻愁雕怨菅殘麗字字宮淒羽楚新調苦想永夜含毫吟到銷魂處篆烟一縷伴小閣疎櫺銅虹影裏寂寞砌蛩語江南客門掩瀟瀟暮雨倦懷終日誰訴那堪腸斷吳娘曲又聽吳郎樂府休顧誤算只有紫雲知誦君佳句花田舊譜縱唱

遍人間曉風殘月空墜井華露

虞美人

江子士洲閨人許氏歸省隔歲始還同人具肴核房中若迓新婦者以誚江子供芍塡詞戲贈並邀同賦

芙蓉錦帳芳塵凝今夜鸞肩並蘽砧翻望大刀頭早向鴛鴦被底煖香篝　經年目斷巫峯隔暮雨重行遡迴身碧玉就郎懷莫似定情那夕强推排

蘭閨忽聽鸞笙咽合巹杯齊設賺他薄怒乍搴帷疑是茂陵初聘不教知　霞朝霧夕都陳調刻意翻新稿香

銷油涷漏三通待續聯吟舊句莫匆匆
舊歡應比新歡切莫訝三言廼重教却扇鏡臺前一笑
老奴狂態尚依然　蘼蕪山下悲縑素新定何如故一
年一度共郎新便到鴛鴦頭白也相親

沁園春

匏樽爲汪洽聞賦

竹閣椶亭銅斗歌殘高陽酒徒嘆利濟胸襟中流誰識
寬閒天地外境都虛有恨空鑽和愁獨繫一任人評澤
與䴥紛紛事試看來總是依樣葫蘆　秋圃一片蕭疎
又青蔓俄同小架除愛枵然大腹能容若輩渾然圓相

不失真吾葉苦誰嘗項堅難拗且赴黃公舊酒壚憑傾倒想滿懷應有全部班書

虞美人

題美人洗兒圖

鏤金盆裏香湯泚纖手溫涼試阿侯心性似娘兒百遍挼挱澡豆不曾啼　春蕪拭罷柔肌膩好與梳九髻移時定看晝簾垂可許寒潭明玉借人窺

青玉案

舟泊露筋祠

女郎祠畔寒雲擁又做就春陰重離合神光紛總總昔

衣如繡烟鬟新沐窸窣靈旗動 長淮極目清波渺只暗把韶華催送幽恨寂寥誰與共三更風雨十年心事一枕孤舟夢

鳳凰臺上憶吹簫

石闕千尋車輪九轉一時齊上心頭悵舊歡如夢筆筆都鈎臏有相思幾疊知無益欲罷難休疎櫳外寒烟滿目又是深秋 颼颼辭柯落葉似天涯薄倖不爲人留甚西風一夜只繞粧樓影翳銀釭欲滅羅幃掩猶射星眸深更㳿蛩聲四壁訴盡離愁

柳梢青

夢至一大宅有雙鬟名阿三者持箋索賦醒後獨記芙蓉三醉楊柳三眠二句戲補成之

三角鬟偏三三徑畔閒譜三絃三月烟花三更燈火魂斷三年　三生石上前緣相思處三星夜懸三秋空憶芙蓉三醉楊柳三眠

天香

咏烟爲朱秋潭作

簾影生寒爐薰宿火長晝小庭人靜琢句神恬懷人夢杳恰稱曹騰心雙魂歸紫玉悵人抱遙情未定何處餐來沆瀣氤氳猶帶餘韻　銅虹昨宵微暈掩流蘇逗颸

喑並一縷重樓細細唾華香凝休認瓊簫吹徹止半點
温存共誰領膹有相思殘灰未燼

摸魚兒

辛巳下第將歸留別京華諸友

請休誇鳶肩火色文章伯仲燕許枝頭杜宇爭相罵羣
道不如歸去還凝佇便才盡江淹尚有銷魂賦一樽共
訴對芍藥名葩櫻桃小史更譜斷腸句　揮杯笑笑我
儒冠久誤兩眉何事長聚從今穩泛江南棹不負杏花
春雨堪醉處有陌上絲絲楊柳招張緒紅蕉白苎　向冷
露簾櫳晚烟樓閣臥聽鳳琶語

揚州慢

題王穀原比部斜月杏花屋填詞圖

弄影扶嬌飛光助艷相看一片遙情乍凭闌半晌早治思橫生漸消盡蕙爐殘篆幾回乂手猶卷簾旌漏沈沈小院迷濛似夢初成　江關倦旅向春風空對丹青想屋角繁星樓心皓魄應憶長征莫負好天良夜歸休去重理瑤笙縱無人知得孤吟拚到天明

瑤華

題塞外槖中集贈夏湘人

枯毫突兀老墨淋漓把邊愁都瀉江南蕩子曾幾載聽

遍秋茄來也俠腸千古算只有季心堪亞擁毳衾雲窖冰天猶作後堂清話　簫聲廿四橋頭又曲逕重尋花影官舍燈明酒綠定不比沙月穹廬寒夜尊前拊髀嘆久別玉門番馬只夢中滴博蓬婆一片舊游如畫

相見歡

題老伶俞蔚岑小像

攜來片笠欹斜立殘霞矯首家山何處水雲賒　關別駕石司馬莫長嗟我亦飄零書劍在天涯

渡江雲

以詞帙贈童令與因綴此解

倚聲頻點勘鬧蛩孤館幾度晚涼天客牕珍重慣枕秘多時新漬酒痕偏萍踪絮影喜天涯舊遇忘年也一樣柔情冶思生小愛詞牋　流連虛簾貽嗔小閣停寒共閒繙曾遍聊伴取玉梅香雪持贈行韉朱礬小篆留私印惹相思月下燈前知何日花陰重凭吟肩

瑤華

茶花同朱春橋作

天然娟素影墮涼蟾漾一痕孤淡香清粉暈應記起那日玉纖春晚小坪霜後縱留得殘蜂都嬾更那堪籬落黃昏幾個冷蛩閒嘆　可知禪榻烟銷有撥火無聊空

捲吟椀寥芳人去悵幾夜飄盡碎瓊誰管膽瓶深貯英長向蕭晨魂斷好伴他病渴相如穩護却寒簾畔

邁陂塘

題施定葊秋山琴趣圖

正空山秋雲展霽霏微宿霧初散置君邱壑無人處只有枯桐堪伴幽澗畔對百丈飛泉三弄斜陽晚泠泠不斷共隔嶺寒猿遙天老鶴傳籟到山館　天涯客碎向人前誰管幾回空惹長嘆廣場羯鼓方喧雜休把金徽輕按蓬海岸問可許移情一棹隨孤泛飛鴻去遠且背了松陰閒來竹下坐隱任柯爛

望湘人

步王穀原韻題閨秀徐若冰詩集

秪斑筠幾管蘭藺數番送春還又銷夏錦貯囊中花生夢裏不向畫眉人借脂粉箱邊翦刀池畔鑄騷雕雅斂翠襟好句初成綠雨暗香輕灑　應是調琴多暇想陸家東美比肩堪畫正並倚妝臺未遣唱詶輕罷索燭閒情頌椒好景算是人間無價悵幾載上計秦嘉腸斷暮雲低亞

臨江仙

石門舟中同安雨輔作

幾點遙青入海數行濃綠屯烟語兒亭在夕陽邊山川留越絶雲物媚吳天　往事休論前史他鄉又是今年登高極目總淒然夢中人不見江上月空圓

前調

暮春客舍贈安雨輔

柳線絲絲水面苔錢點點牆陰天涯時序最驚心新蠶纔入繭雛燕已披襟　歸夢知君更遠客愁到我偏深新詞讀罷自沾襟殘燈人寂寂孤館夜沈沈

摸魚子

舟中同黃星槎讀趙樸菴詞次韻寄之

捧琅箋幾番密沵此君真是全別一聲河滿堪腸斷何況落花時節橫笛咽乍雨過迴汀侵曉抽帆發烟波路惆悵山色欲硂川流蓊匌千里遍啼鴂　松陵浦聞道秋蓴正滑湖心一棹堪歇何時把臂穿林去共聽夜窗梧葉書倩達更爲索瑤華早寄袁門雪雲迷溟遏只浣龍薔薇吟殘芍藥孤夢暗飛越

臺城路

題汪存南翠篠山莊塡詞圖

疎竿密樾茆檐外收將暝烟多少碎響吟風柔枝卿露恰稱詞人幽抱含毫未了又嶺上鶯音幾聲清悄獨坐

移時古叢明月漸相照　羨君夢中江筆慣霞箋玉滴敷就芳藻冷雁驚秋哀猿嘆夜盡是消魂宮調冥冥杳杳想一縷遙情碧天應到好句初成滿林新翠曉

前調

題俞默存畫菊

棲烟綴露東籬下秋光㩦來能幾陶令長貧羅含漸老寂寞荆扉深閉蛩吟雁唳算耐得蕭條夜涼幽砌肯學塘蒲冷風初到便憔悴　休嗟斷塍荒圃鎮年年相對蒿艾墟里採入金壺融將玉液應趁幔亭高會征途倦矣悵辜負家山幾番秋思空繫孤舟故園寒夢裏

憶蘿月

題朱冷于詩夢緣傳奇

淒宮怨徵絕調誰知己一曲梁塵飛欲起明月高樓如水　鶯見燕子空忙年年送盡流光我亦詩顛無賴不知還夢何鄉

瀟湘逢故人慢

送王穀原比部歸嘉興

霜天風勁催孤帆去早吟袂輕分斷鴻冷江濱羨山鷓歸飛只愛南雲天涯倦旅向關河幾度離羣揚州路短簫淒咽者番應最銷魂　鴛湖畔殘雪後想疎梅一痕

香霧初勻小築草堂新好疊石栽花選甕藏春熏爐茗椀定移家瑣事紛紜懷人夢屋梁寒月可容一晌尋君

憶舊遊

題徐荔村秋林獨步圖

悵千林落葉一片明霞滿目清秋老樹孤村外有歸鴉坐對同話閒愁板橋漸無人迹斜日冷輝留任倚石扶笻穿雲側帽誰與同游　寒流斷魂處記柳密藏鶯蘋暖眠鷗轉首西風下只殘烟紫黛終日凝眸舊路不堪重問春水武陵舟又幾杵疎鐘柴門片月深巷幽

倦尋芳慢

程午橋太史約同往竹西亭看種竹因雨不果

濕雲做冷清籟催霜秋盡江岸勝侶相招不爲竹西歌管聞道丹崖移粉籜定堪翠幄浮瓊琖囑園丁把南枝記取好依亭畔　悵無賴夜來風雨縱有狂朋遊讌應懶閉了簾旌聽到畫檐聲緩料得玲瓏幽塢側乍添羃壓濃陰滿伴湘筠算只有一聲鐘晚

百字令

眞州留別方介亭

天涯倦旅笑年年辜負春秋佳日又是一帆催碧浪嬌首魚雲晴坼洗缽僧樓揮琴酒市青眼誰相識處聰明

燭一樽且共吟席　惆悵萍絮閒踪離愁萬斛無計能
消得江北江南雲樹遠落月空梁何夕納納乾坤蒞泚
鄉國隻影將安適醉眠相籍不知何者是客

南浦

題沈沃田桐陰結夏圖

翠幄罩清陰糝飛花消盡閒庭煩暑微雨乍過時邀涼
好新月一鈎初吐椶鞋羽扇天涯且共忘羇旅隨意弄
茗堪承坐且與商量今古　偶然潑墨淋漓便移將幽
境都歸毫楮珍重貯巾箱知他日定憶故人眉宇烟波
渺渺扁舟催喚江干渡轉首西風驚落葉又是碧天雲

暮

玉女搖仙佩

同胡壽泉過竹西亭

遥峯鎖霧斷岸屯烟曙色朦朧無際畫舫通津朱樓夾
道迤邐漸多朝市結伴來幽地愛一叢寒玉竹西亭子
傍門外離根小步落葉無聊向人低墜且拂蘚尋碑遠
遍長廊危欄共倚　惆悵昔年景物舊日繁華勝有山
光禪智一角微藍半篙淺碧閱過幾番人世把酒聊同
醉莫樽前更說阿婆遺事祇橋上無情明月年年猶照
墓田荒寺昏鐘起斜陽又過暮山嵴

滿江紅

方桂莊於舟中製餅啖我賦此謝之

千里征途悔辜負聚糧三月歸帆轉滹沱古渡又餐新麥乍喜煎成詩欲就不須畫裏涎空咽似和烟帶雨野人簞緣俱裂　愛十字憑誰拆擗一飽閒愁豁只銀箋怕涴莫教輕捻北海難逢青眼士東堂休羨紅綾客且共君涼月坐篷牕宵深說

高陽臺

題陳餘庭紅袖添香夜讀書圖

階斂形輝簾縈翠蔓蕭齋一片黃昏新月纖纖涼波暗

浸閑門檀郎不惜三餘瘁閉小牕猶理籤芸漏沈沈暈
了燈花冷了爐熏　夜深誰與溫存悄添他銀葉半縷
香痕小立移時眉山似帶輕顰故將奇字頻開問對短
檠倚著春墩盼梅灣斗轉參橫又是宵分

滿江紅

留別方問鷗

小住江關領略盡醉紅酣綠愛儂舍青楊影裏曉烟籠
屋隔巷休分南北阮望衡也似東西陸慣尋常獵酒到
君家看修竹　廊影靜簾波蹙賡麗句燒明燭任坦懷
共對醉歌相續曉月穿林還偃五春帆下水俄飛鏃悵

天涯揮手太匆匆摩霄鶴

臺城路

虞山客舍與諸同人共飲

簾垂孤館斜陽暮氊爐有誰同會畫裏遥峯棋中小刼難遣客懷無賴新醪共買且擁絮牀頭孳甌燈背歲晚天涯相逢不飲更何待　家山風雪此際正松𥦗竹屋吟聚蕭瀬沙洪盟鷗苔關夢鶴定盼歸舟霞外川塗自悔臙爛醉爲鄉閒愁似海一雁高天破空迷斷霄

解語花

題花蕋夫人小像

巫雲夢杳蜀國絃悲腸斷江南路故宮禾黍堪惆悵一片錦城春暮降旗乍竪早零落粉香脂嫣應最憐池冷孽訶那日消魂處　猶記宮詞夜譜正玉階橫水花氣深貯玉容描取依稀認道服澹粧宜與徐娘老去又閱遍滄桑幾度須更添一抹青城留舊時眉嫵

薄倖

眞州女子名奇雲色藝俱絕嫁爲賈人妾妒妻逐之抱恨而死方竹樓爲作瘞雲圖索同人題

咏

鎖霜綃霧是玉骨帶愁埋處伴落月閒來瓊影繞遍病

棃紅樹歛芳魂妒婦津頭秋風猶怯寒潮渡便吳市烟銷盡山泉逝幽恨一天難補　感癡絕丹青筆儀淚染朝雲小墓悵寒鴉古木哀猿野逕斜陽冉冉榛關暮斷腸休賦看懷沙集鵬千秋何限傷心侶浮生短夢一樣冷峯荒雨

道光歲次丙申孫珉謹編次

曾孫醻

醍校字

詞鈔卷二重校錄

秋思耗　題落用吳夢窗詞韻六字

多麗　前結落二句一上三下四七字句一四字句

鳳凰臺上憶吹簫　題落用漱玉詞韻五字

思 鳳 達 土 樹 灼 □ 某 某 民 某 无 養 □ 正 妣

某 鳳 生 幾 某 二 幾 廿 四 卒 字 □ □ 回 某 邑

妣 吳 某 □ □ 某 吳 氏 □ 某 六 年

繼 祖 娶 二 □ 吳 氏